유물로 읽는
동서양 생활문화

저자 김문환

문명 탐방 저술가로 문명교류와 생활문화사를 강의하며 문화일보에『김문환의 유물 풍속문화사』를 연재중이다. 세명대학교 저널리즘스쿨 대학원 교수로 답사 저널리즘 글쓰기와 방송뉴스를 가르친다.

고려대학교 정치외교학과를 졸업하고 1987년부터 1991년까지 매일경제 신문기자, 1991년부터 2007년까지 SBS 기자로 20년간 취재현장을 지켰다. SBS 기자로 재직하던 2000년 LG상남언론재단 지원으로 프랑스 파리2대학에 1년 유학을 지중해와 에게해, 흑해 주변 역사유적과 유물을 취재하며 문명탐방 저술에 발을 들여 놓았다.

『유적으로 읽는 로마문명』(2003), 문광부 우수 교양 도서상을 받은『비키니 입은 그리스로마』(2009),『로맨스에 빠진 그리스로마』(2012),『페니키아에서 핀 그리스로마』(2014),『유물로 읽는 이집트 문명』(2016)을 펴냈다. 방송 언론 분야 저술로는『TV뉴스 기사작성법』(2018년)을 비롯해 문화관광부 우수 학술도서상을 받은『프랑스 언론』(2001년), 영국 런던에 체류하며 영국 공영방송 BBC를 중심으로 영국 언론을 연구한『영국언론』(2007년), 이에 앞서 한국 언론재단 지원으로『TV 뉴스 이론과 제작』(1999), LG상남언론재단 지원으로『TV 고발뉴스 제작의 실제』(2000)를 썼다.

유물로 읽는
동서양 생활문화

2018년 11월 14일 초판 1쇄 발행

글 · 사진 | 김문환

펴낸이 | 권이지

제 작 동양인쇄주식회사

펴낸곳 홀리데이북스
등 록 2014년 11월 20일 제2014-000092호
주 소 서울시 금천구 가산동 371-28 우림라이온스밸리 B동 712호
전 화 02-2026-0545
팩 스 02-2026-0547
E-mail editor@holidaybooks.co.kr

ISBN 979-11-954120-4-4 03900

이 도서의 국립중앙도서관 출판예정도서목록(CIP)은 서지정보유통지원시스템 홈페이지(http://seoji.nl.go.kr)와 국가자료종합목록시스템(http://www.nl.go.kr/kolisnet)에서 이용하실 수 있습니다. (CIP제어번호 : CIP2018035720)

유물로 읽는
동서양 생활문화

글 · 사진
김문환

화산재 속 폼페이 빵… 갓 구운 한국 제과점 빵

로마시대 빵 그림
폼페이 벽화.
대영박물관 특별전

한국인이 즐겨 찾는 '빵'이 포르투갈어라는 사실을 아는 이는 흔치않다. 빵pão. 1498년 바스코 다가마가 인도항로를 열며 동양으로 진출한 포르투갈. 인도 고어 지방에 이어 인도네시아 몰루카 제도 향료 주산지로 식민기지를 넓힌다. 이어 포르투갈 출신 마젤란이 1522년 스페인 지원으로 세계 일주를 달성한다. 필리핀으로 무역의 범위를 확대하던 포르투갈 상선이 1543년 태풍에 밀려 미지의 땅 일본 가고시마 남쪽 다네가시마 섬에 표류하고 만다. 이때 철포(조총)이 전해졌고, 일본과 교역을 튼 포르투갈 문화가 일본에 들어오니, 덴푸라(포르투갈어 Tempora)와 빵이다. 떡만 먹던 우리 밥상에도 일본을 통해 빵이 오른다. 어릴 적 시골에서 막걸리로 밀가루 반죽을 발효시킨 뒤 단팥을 넣어 쪄주시던 어머니 표 누런 찐빵의 기원은 유럽이다. 그래서 그런가… 우후죽순으로 들어선 제과점과 찻집의 간판도 하나같이 서구식이다. 진열장을 가득 메우는 갓 구운 빵과 같은 모습의 먹음직스런 빵을 현대 서양문명의 원류인 로마인도 즐겼다. 고장 난 시계처럼 일상이 순식간에 멈춘 폼페이 벽화가 말해준다. 먹음직스럽게 그려진 로마의 빵이 구수한 냄새를 풍기며 21세기 우리네 먹거리와 그대로 겹쳐진다.

2천 년 전 로마 비키니… 부산 해운대 비키니

지루한 장마가 끝나고 작열하는 태양빛이 동해 바다 푸른 물결을 그
립게 만드는 7월. 70년대를 풍미했던 미국 배리 매닐로우-Barry Manilow의
1978년 감미로운 히트 곡 코파카바나Copacabana가 떠오른다. 브라질 리
우데자네이루 코파카바나 해변은 세계 각지에서 온 관광객으로 연중 붐
빈다. 특히, 리우 카니발이 열리는 매년 2월이면 더욱 그렇다. 해변을 수
놓는 원색의 비키니 물결이 자연스럽게 받아들여진 것은 오래지 않다.

태평양 핵폭탄 실험장소 비키니 환초環礁(Bikini Atoll)의 이름을 따 핵폭
탄만큼 깜작 놀랄 만한 옷이라는 서양인 과장법이 빚어낸 비키니. 그 출
발은 2차 세계대전이 끝난 뒤 1946년이다. 프랑스 여인 베르나르디니M.
Bernardini가 비키니를 입고 사진
을 찍은 뒤, 무려 5만 통의 팬레
터를 받는 요즘말로 '대박'을 터
트린다. 이후 곡절 끝에 1960년
대 중반부터 대중화 되니, 이제
현대 여성 복식사에서 비키니
는 50여년 남짓한 역사를 지닌

로마시대 비키니 차림 여인 모자이크
이탈리아 시칠리아 피아짜 아르메리나

다. 그런데, 고대 로마시대 여인들이 비키니를 입었다면 놀랍지 않은가? 지중해 아름다운 섬 시칠리아 산속 피아짜 아르메리나Piazza Armerina 카살레 빌라Casale Villa 로마 모자이크에 등장하는 비키니는 2천년의 세월을 희롱하며 고대와 현대의 의복생활사를 하나로 연결시켜 준다.

고대 로마 목욕탕… 현대 한국 찜질방

79년 나폴리 교외 베수비오 화산이 터진다. 정치인이자 문인이던 소小 플리니우스는 『서한집Epistulae(영어 Letters)』에 79년 8월 24일 베수비오 화산이 분화한 날부터 진행과정을 상세히 그린다. 로마 해군도시 미세눔Misenum(나폴리 북쪽) 해군 사령관이던 숙부 대大 플리니우스를 따라 현지에 살며 생생하게 목격한 덕분이다. 폼페이는 1748년부터 발굴의 손길을 탄다. 도로, 주택, 식당, 방앗간, 세탁소, 신전, 관공서, 광장(포럼), 극

영국 바스 로마 목욕탕 대욕장

장, 원형경기장, 운동장(팔레스트라)… 로마인의 일상이 녹아든 각종 건물과 시설이 당시 모습대로 되살아났다.

목욕탕도 마찬가지다. 그리 크지 않은 폼페이 시가지에 포럼 목욕탕과 스타비아 목욕탕,

2개의 목욕탕이 발굴됐다. 냉탕과 열탕을 비롯한 다양한 시설도 화산재를 털고 일어나 로마의 목욕문화를 증언한다. 수도 로마에는 기원전 33년 이미 170개의 크고 작은 목욕탕이 들어섰다. 이것도 모자라 황제들은 대형 공공 목욕탕을 건축해 시민 품에 안겼다. 웅장한 잔해가 인상적인 로마 카라칼라 황제 목욕탕은 한꺼번에 1천6백 명의 시민이 목욕을 즐겼다. 오후 생활은 목욕이라 할 정도로 마사지실, 운동시설, 식당, 술집도 갖췄다. 요즘 한국의 초대형 찜질방에 견줄 만 하다. 지중해 전역으로 퍼진 로마 목욕탕은 2천년 세월을 넘어 휴식과 사교 공간이라는 개념에서 현대와 맞닿는다.

7세기 석굴암 불상… 알렉산더의 유산 간다라 불상

"낙양성 십리허에 높고 낮은 저 무덤은…"

민요 성주풀이 한대목이다. 낙양. 주나라가 유목 기마민족의 침략을 받고 동쪽으로 도망 온 동주東周, 혹은 춘추시대 도읍이다. 근처 서안(장안)과 함께 중국 최고의 역사도시로 꼽힌다. 낙양 근교에 용문龍門석굴이 자리한다. 494년 선비족이 세운 북위(北魏) 때부터 돌산에 1천352개의 석굴을 파고 10만점의 불상을 조각한 대규모 석굴사원이다. 용문석굴의 모델은 운강雲岡석굴이다. 북위가 냑양으로 천도하기 이전 수도 대동(북

간다라 풍 불상
2-3세기. 도쿄국립박물관

경 서쪽) 근교 운강에 460년부터 252개의 석굴을 파고 5만2천개 불상을 만들었다. 운강석굴의 모델인 실크로드 선상의 오아시스 도시 둔황敦煌석굴은 366년 불교에 심취한 기마 유목민족 저족氐族의 전진前秦 때 시작됐다.

둔황에서 서쪽으로 더 가면 우즈베키스탄, 아프가니스탄, 파키스탄의 간다라 지방이 나온다. 쿠샨 제국(1~4세기)의 간다라 불상은 그리스의 영향을 받아 부처님을 처음 사람 형상으로 빚은 불상의 효시다. 751년 만들어진 유네스코 세계문화 유산 석굴암은 당나라 용문 석굴에서 영향을 받았으니 결국, 운강과 둔황을 거쳐 간다라 불상의 영향 아래 태어났다. 372년 가장 먼저 불교를 받아들인 고구려를 비롯해 백제와 신라의 모든 불상이 그렇다. 기원전 327년 알렉산더가 정복한 뒤 이식한 중앙아시아의 그리스 조각문화가 이역만리 우리 민족의 문화유산에 스며든 거다.

한국 서낭당… 몽골 서낭당

"…성황당에 돌을 던져서 제발 남편이 신발과 댕기를 사오기를 축수하면서 짜장 댕기와 고무신을 사오지 않으면 사생결단으로 싸워보리라 마음먹었다… 순이는 이 세상 모든 재앙과 영광은 성황님이 주시는 걸 루 믿는다. 순이는 지금 고무신을 산 것도 성황님의 은덕이라 믿는다."

1937년 조선일보에 발표한 정비석의 『성황당』. 우리네 정서를 지고지순한 여인의 삶과 사랑에 잘 담아낸 소설로 1939년 영화로도 제작돼 인기를 모았다. 커다란 나무 곁에 아무렇게나 생긴 잔돌을 주워 오랜 세월 쌓아 올린 돌탑 서낭당. 경

몽골판 서낭당 어워(오보)
징기스칸이 세운 몽골 제국의 수도 카라코룸

복궁 안에 있는 국립민속박물관 정원뿐 아니라 웬만한 마을 뒷산에는 어김없이 서낭당이 하나둘 자리를 늘려간다. 1970년대 새마을 운동의 일환으로 뜯기고, 뽑힌 고목 옆 장승과 돌탑. 언제부터인가 미신이라는 종교적 관점이 아닌 풍속이라는 민속학 관점으로 다시 제자리를 찾는 건 천만다행이다.

서낭당은 정비석의 고향 신의주를 넘어, 중국 내몽골 초원과 몽골의 드넓은 초원에도 어김없이 얼굴을 내민다. 유라시아 기마민족은 돌탑을 쌓아 하늘에 제사지내는 풍습을 가졌다. 티벳 불교의 영향으로 형형색

색의 천까지 더해진다. 몽골에서는 이런 서낭당을 어워, 학술적으로는 오보Ovo라고 부른다. 기마민족의 전통에 불교가 더해지며 우리의 생활문화로 자리 잡은 서낭당에서 문화와 문명이 교류를 통해 새로운 풍속과 문화로 뿌리내리는 것임을 새삼 깨닫는다.

생활문화로 보는 동서양 역사… 역사는 교류… 교류는 평화

로마의 키케로는 "역사는 삶의 스승HISTORIA VITAE MAGISTRA"이라는 말을 남겼다. 역사학자 에드워드 할렛 카E. H Carr는 "역사는 과거와 현재의 대화, 현실을 이해하는 열쇠"라는 취지의 말로 역사의 소중함을 일깨웠다. 김구 선생의 문화 대국은 바른 역사인식에서 가능하고, 바른 역사 인식은 바른 역사이해에서 막을 올린다. 역사는 교류 속에 꽃핀다. 지난 20여 년 유라시아 대륙 구석구석을 탐방하며 유적과 유물로 확인한 작은 깨달음이다. 이를 일반인이 부담 없이 접할 수 있는 생활문화 차원에서 조명하는 글쓰기 결과물이 이번에 책으로 나왔다. 문화일보 지식카페에 2017년 봄부터 연재하기 시작한 글을 25회분 재구성 보충해 1권을 낸다.

신문 연재는 시의성이 핵심이다. 언론Journalism이란 매일 매일의 '날Jour'에 발생한 새로운 소식을 다룬다. 신문 연재물이 비록 유물과 유적으로 보는 풍속문명사라는 지식전달 칼럼이라도 '아닌 밤중의 홍두깨'식이 아니라 하루하루의 삶, 시사현안과 맞물려 돌아갈 때 전달효과가 크다. 그렇게 시의에 맞춰 연재한 25개 소재를 1.민속, 2.여가, 3.의식주, 4.인문, 5.정치의 범주로 나눠 모았다.

　역사 연구서가 아닌, 발품으로 얻은 취재기인 만큼 여러 오류에 대해서는 너그럽고 따끔한 질책 부탁드린다. 후속 글쓰기에 천금 같은 가르침이 될 터이다. 사진은 모두 직접 촬영한 것으로 현장 여건상 화질이 좋지 않은 점도 있음을 양해 바란다. 졸저가 동서양 생활문화와 문명을 이해하는 작은 출발이 됐으면 좋겠다.

　역사를 공부하는 새로운 눈을 뜨게 해주신 동국대학교 윤명철 교수님, 한국 전통문화 대학교 이도학 교수님께 진심 감사드린다. 아내와 두 아이에게도 고마운 마음을 전한다. 생과 사의 의미를 떠나 누워계시는 어머니의 고단하셨던 삶에 한없는 감사를 드리며…

2018년 선물같은 10월

북악산 자락에서

목 차

1장 민속(세시풍습, 관혼상제)

2장 여가(스포츠, 연회)

3장 일상(의식주, 노동)

—

1장
민속(세시풍습, 관혼상제)

설날 떡 무늬 찍는 떡살 | 중국과 지중해 카르타고까지

> "세모歲暮. 이웃집 방아 소리에 아내는 곡식이 없음을 탄식한다. 선
> 생은 '부귀가 하늘에 달렸는데 어찌 상심하느냐'며 금琴을 타 방아소리
> 를 들려주며 위로하니 이를 '대악碓樂'이라 불렀다."
>
> ─『삼국사기三國史記』「열전列傳」

세모歲暮는 해歲가 저무는暮 음력 12월 30일(섣달 그믐)이다. 대악碓樂은
방아碓 노래樂, 즉 '방아타령'이다. 명절을 맞아 텅 빈 쌀독 앞에서 수심
가득한 '빈처貧妻'에게 역사에 길이 남을 명곡을 선사한 이 낭만파(?) 음악
가, 가난을 예술로 승화시킨 고대 사회 '현진건'은 누구일까? 신라의 백
결百結 선생. 민족의 큰 명절 설이 나흘 앞으로 다가왔다. 방아 찧어 떡을
예쁘게 빚던 동서양 풍습을 들여다본다.

백결 선생 '탄금곡', 방아 찧는 정경을 선율로 옮긴 예술

국립중앙박물관으로 가보자. 1층 신라 전시실 맨 끝에 희귀 토우土偶
(흙으로 빚은 인형)전시 공간이 나온다. 5~10㎝ 내외 작은 토우 가운데, 양
반다리를 하고 앉아 무릎 위에 현악기를 올려놓고 타는 사람인형이 눈에
들어온다. 경주에서 출토한 신라 유물이다. 그렇다면 경주에 살던 백결
선생이 설 하루 전 자작곡을 부르며 금琴을 타던 '탄금곡彈琴曲' 장면이 바

신라 현악기 연주 토우
백결선생의 방아타령 연주를 떠올려준다.
국립중앙박물관

로 이 모습일까? 백결百結선생이란 이름부터 풀어보자. 몹시 가난해 옷을 제대로 구할 수 없어, 무려 100군데나 기워結 입었다 해서 붙은 이름이다. 언제 사람일까?

1145년 김부식이 집필한 『삼국사기三國史記』 「열전列傳」에 경주 낭산狼山 밑에 살던 가난하지만, 세상사에 달관한 인물이라는 기록만 나온다. 생몰연대 미상이지만, 고대 그리스의 무소유 철학자 디오게네스를 닮은 백결 선생 기록이 한군데 더 전한다.

영해 박씨寧海朴氏 족보다. 이름은 박문량朴文良, 실성 마립간 때인 414년 충신 박제상朴堤上의 아들로 태어났다. 눌지 마립간 때 아버지 박제상이 일본 사신으로 가 죽고, 어머니와 누나 둘이 자결한 가운데, 나머지 누나 아영阿榮의 손에 자라 귀족 가문 딸과 결혼했지만, 초탈한 삶을 살았다.

신라 충신 박제상의 아들, 백결 선생이 탄 악기는 고구려 거문고?

경상북도 고령군 대가야읍으로 가보자. 가야의 금琴, 가야금을 만든 우륵의 고향이다. 백결선생은 중국 춘추시대 현악기를 타며 은둔했던 영계기榮啓期(기원전 571년~기원전 474년)를 흠모했다. 중국 전국시대(기원전 403년~기원전 221년) 정나라 사람 열자列子가 지은 도가서적 『열자列子』 「천서天瑞」에는 공자를 만난 영계기가 "가난은 공부하는 사람들이 감내하는 것, 출세 대신 마음 편하니 더 바랄 게 없다"고 말한다. 청빈사상을 본받은 백결선생의 악기, '금琴'이 가야금일까? 우륵이 풍전등화의 조국 대가야의 가실왕 품을 떠나 신라 진흥왕에 귀의한 때는 6세기 중반, 백결 선생 시기보다 1백여 년 뒤다. 백결선생의 금이 가야금이 아니란 얘기다.

장소를 광주광역시 국립광주박물관으로 옮긴다. 삼한三韓시대 마한 지역 광주 신창동 유적에서 발굴한 국내 최고最古 현악기가 기다린다. 신창동은 지금까지 발굴된 삼한시대 국내 최대 농사유적지다. 여기서 반半은 훼손됐지만, 반은 보존된 현악기가 나왔다. 현을 맸던 구멍까지 선명해 2천 년 전 우리민족 현악기의 면모를 잘 보여준다. 이것이 백결선생의 금琴일까?

여기서 거문고를 떠올린다. 『신라고기新羅古記』라는 지금은 멸실된 책을 인용한 『삼국사기三國史記』에 진晋나라가 고구려에 칠현금七絃琴을 보냈다는 기록이 나온다. 이 때 재상 왕산악이 칠현금을 개량한 거문고로 100여곡을 작곡, 연주했다는 내용도 덧붙인다. 여기서 진나라는 동진東晋(316년~419년)이다. 1949년 북한이 황해도 안악安岳에서 발굴한 3호 고분에 줄을 누르고 술대로 현을 타는 거문고 연주가 그려졌다. 안악 3호분이 357년 축조됐으니 칠

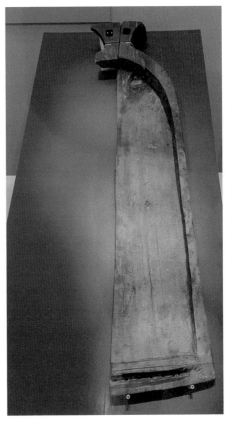

삼한시대 현악기
광주 신창동 마한 유적 출토 유물. 국립광주박물관

복원한 삼한시대 현악기
광주 신창동 마한 유적 출토 유물 복원. 고령우륵박물관

가야금 타는 우륵
고령우륵박물관

현금 전래, 왕산악의 거문고 제작시기와 맞아 떨어진다. 특히, 4세기~5세기 신라는 고구려의 문물을 적극 받았기 때문에 5세기 신라 백결 선생의 금琴은 거문고일 확률이 높다.

판소리 심청가 방아타령은 '방아' 빗댄 성(性)담화로 진화

장소를 국립대구박물관으로 옮겨 보자. 경주 백결 선생 동네에서 '쿵덕 쿵덕' 방아 찧는 소리를 낸 주인공, 절구나 절굿공이를 볼 수 있을까? 대구시 매천동과 안동시 전전리에서 출토한 삼한시대 나무로 만든 절굿공이가 전시돼 있다. 나무제품은 대부분 썩지만, 이들 지역은 건조한 지대여서 썩지 않고 2천년의 세월을 견뎌냈다. 백결선생이 살던 시기보다 수백 년 앞선 시기부터 방아 찧어 떡을 만들던 우리민족의 풍습을 보여준다.

백결선생이 지은 대악碓樂, 방아타령은 어떻게 됐을까? 전하지는 않고, 판소리 한대목이나 민요로 이어질 뿐이다. 홍미로운 점은 「탄금대彈琴臺

삼한시대 절굿공이
대구 매천동과 안동 전전리 출토. 국립대구박물관

방아타령」처럼 방아 찧을 때 노동요로도 불리지만, 전혀 다른 대목으로 진화한다. 판소리 「심청가」에서 방아타령은 맹인잔치 가던 심봉사가 여인들과 나누는 성性담화로 옷을 바꿔 입는다. 남성의 상징처럼 생긴 절굿공이를 빗대 생식과 번영이라는 주술을 담아 방아 찧기를 성性적 묘사로 풀어낸다. 역동적인 자진모리장단으로 음악적 흥겨움에 해학을 덧붙였다.

삼한시대 절굿공이
창원 신방리 출토. 국립김해박물관

조선시대 농가월령가 '세모(歲暮)' 풍습 으뜸은 떡 만들기

1843년 조선 헌종 9년 정학유가 지은 「농가월령가農家月令歌」 12월조에 그려진 세모歲暮의 풍경을 읽어보자.

"앞뒷집 타병성打餠聲(떡 찧는 소리)은 예도 나고 제도 나네… 윗방, 봉당, 부엌까지 곳곳이 명랑하다…"

타병성打餠聲. 신라시대 집집마다 세밑에 떡방아 찧던 풍습이 그대로 이어진 모습이다. 필자가 어렸을 적만 해도 명절 밑 시골 방앗간은 김이 무럭무럭 솟는 고두밥이 연실 기계로 들어가고, 이어 흰떡이 쉬지 않고 길게 꼬리 물고 나왔다. 침을 삼키며 이를 바라보던 동네 아이들 초롱한

청동 절굿공이
한나라. 기원전 3세기~기원후 3세기.
서안섬서성박물관

방아찧는 도용
남북조시대. 5~6세기. 서안섬서성박물관

눈망울로 가득했는데… 이렇게 만든 흰떡을 썰어 떡국을 끓여 먹어야 한 살 먹는 거로 여겼다. 한수 이북지방에서는 떡국에 만두를 곁들였다. 흰떡만 만드는 게 아니었다. 시루떡도 찌고, 절편도 빚는데, 절편에 어떻게 무늬를 넣었을까?

신라 때 시작된 원단(元旦), '보기 좋은 떡, 먹기도 좋다' 떡살로 예쁜 모양

국립민속박물관으로 가보자. 설에 먹는 절편에 '복福'이나 '수壽' 같은 글자, 연꽃이나 십장생, 봉황, 잉어 등 다양한 무늬를 새기는 도장 같은 도구 '떡살'이 박물관을 곱게 수놓는다. '보기 좋은 떡이 먹기도 좋다'는 속담대로 정성들여 떡살을 누르며 보기 좋은 떡을 만들던 풍습은 이제 민가에서는 사라지고, 저자거리 떡집에만 남아 설 풍습을 이어간다.

우리 민족이 설을 쇠기 시작한 것은 언제일까? 진晉나라의 진수가 280년 경 쓴 『삼국지三國志』「위서魏書」「동이전東夷傳」에 은정월殷正月(은나라의 정월, 12월 섣달)등을 언급해 새해 풍습을 암시한다. 1281년 일연이 쓴 『삼

조선시대 나무 떡살과 도자기 떡살
19세기 유물. 국립민속박물관

도자기 떡살
국립민속박물관

국유사三國遺事』에 신라 소지 마립간(479년~500년) 때 궁궐에서 궁주宮主(후비 혹은 공주)와 스님의 통정 사건 뒤로, 정월에 근신하며 제사 지내는 '달도怛忉' 풍습이 생겼다고 적는다. 하지만, 본격적인 설은 당나라 때 636년 수나라 역사를 수록해 펴낸『수서隋書』에 "신라는 매년 원단元旦에 왕이 연회를 베풀고 일월신日月神에 배례한다"는 기록으로 봐 7세기 초에는 설이 명절로 완성된 것으로 여겨진다.

설의 기원 중국, 떡에 예쁜 모양 넣는 황하문명 4천년 풍습

중국 황하 문명지, 하남성 정주鄭州의 하남성 박물관으로 가보자. 특이한 유물 하나가 관심을 끈다. 앙소仰韶 이리두二里頭에서 1960년 출토한 하夏나라(기원전 2070년~기원전 1600년) 시대 유물「선와문회도병旋渦紋灰陶餠(Pottery cake with whorl design)」. 진흙으로 만든 소용돌이무늬 도기 떡이다. 신석기 황하 농사문명지에서 이미 4천 년 전 쌀로 떡을 빚었고, 떡살을 이용해 소용돌이무늬를 찍어 미적 감각을 더했다는 점이 이채롭다. 설에 중국 북방 지역은 우리나라 만두의 기원인 교자餃子, 남방에서는 만두饅頭(속이 없는 찐빵)와 찹쌀떡 연고年糕를 먹는다. '니엔까오'라고 불리는 연고年糕는 찹쌀가루에 설탕 녹인 물로 반죽해 만드는데 복福 같은 글자를 떡살로 새긴다. 황하문명에서 이어지는 4천년 전통이다.

중국 설은 요임금의 뒤를 이어 즉위한 순임금이 천지신명에게 제사 지낸 데서 시작된다. 순 임금 다음이 하나라를 세운 우임금이니까, 제사 때 하남성 박물관의 소용돌이무늬 떡을 빚어 바쳤을 가능성이 크다. 이후 기원전 108년 고조선을 멸망시킨 한나라 무제武帝(기원전 141년~기원전 87년) 때 천문을 담당하는 관리 태사령 사마천(『사기史記』의 저자)이 새 달력을 만들면서 새해 첫 날을 원단元트으로 삼았다. 신라의 원단은 물론 황하문명의 영향을 받은 동아시아 설의 기원이다. 2천년이 흐른 1911

나무로 만든 다식판
경기도박물관

하나라의 흙으로 구운 떡
중국 황하 문명시기(기원전 2070~기원전 1600년)
떡살을 이용해 무늬를 넣었음을 보여준다.
정주하남성박물관

년 신해혁명 뒤, 중화민국은 음력을 폐하고 양력 1월 1일을 원단, 기존 원단이던 음력 1월 1일을 입춘立春 맞이 춘절春節로 바꿔, 오늘에 이른다.

한니발의 고국, 지중해 카르타고에서도 예쁜 과자 무늬 찍던 도구
장소를 중국에서 멀리 지중해 한가운데, 북아프리카 해안 튀니지로 옮겨보자. 수도 튀니스 국제공항에서 택시를 타고 '콜린 드 비르사Colline de

카르타고 비르사 언덕에서 내려다본 카르타고 항구와 시가지, 지중해

Byrsa'(비르사 언덕, 프랑스 식민지였던 튀니지는 아랍어와 프랑스어 사용)라고 말하면 30-40분 만에 카르타고 핵심 유적지, 아름다운 지중해가 내려다보이는 비르사 언덕에 이른다. 로마를 멸망 위기로 몰아넣었던 2차 포에니 전쟁(기원전 218년~기원전 202년)의 주역, 한니발이 태어난 카르타고의 심장부다. 오늘날 레바논 땅인 페니키아 티레의 공주 디도가 고국을 떠나 기원전 814년 새로 세운 나라 '카르트 하다쉬트(새로운 도시, 새로운 티레)'의 준말이 '카르타고'다.

　비르사 언덕 카르타고박물관은 전 세계 탐방객이 몰려 연중무휴다. 여기서 마치 우리네 구멍가게 과자봉지에서 꺼낸 것처럼 생긴 유물을 만난다. 기원전 7세기 과자에 무늬를 찍던 도구, 우리로 치면 떡살이다. 카르타고의 과자는 밀과 꿀로 만들었다. 카르타고의 마곤이 쓴 『영농서』는 시대를 초월한 명작으로 손꼽힌다. 비록 기원전 146년 3차 포에니 전쟁

카르타고의 과자 무늬 찍던 틀.
기원전 7세기. 카르타고박물관

패배로 로마의 손에 카르타고 문명의 모든 것이 잿더미로 변했지만, 『영
농서』는 살아남았다. 28권짜리 이 농업백과 사전을 기원전 2세기 카르
타고 근처 우티카 태생의 그리스인 디오니소스가 그리스어로 번역했고,
로마원로원도 유니우스 살리누스에게 돈을 대 라틴어로 번역시켰다. 이
두 저작을 인용한 후대 저술을 통해 카르타고의 밀재배와 양봉 기술이
전해진다. 그 기술로 농사지어 만든 맛난 과자 무늬 틀과 함께 말이다.
보기 좋은 떡이 먹기도 좋다는 동서고금의 인지상정人之常情과 떡살을 떠
올리며 이번 설에 예쁜 무늬의 떡과 만두를 빚는 것도 좋겠다.

추석 보름달 옥토끼와 떡시루 | 중국 한나라 전설과 풍습

"대추 밤을 돈사야 추석을 차렸다 이십 리를 걸어 열하룻장을 보러 떠나는 새벽 막내딸 이쁜이는 대추를 안 준다고 울었다. 절편 같은 반 달이 싸리문 우에 돋고 건너편 성황당 사시나무 그림자가 무시무시한 저녁 나귀 방울에 지껄이는 소리가 고개를 넘어 가까워지면 이쁜이보다 삽살개가 먼저 마중을 나갔다."

친일 반민족 행위자, 6.25 친북 부역혐의 20년 형의 낙인이 깊게 패인 노천명이 1938년 쓴 '장날'이다. 추석 앞둔 시골정서를 이리도 가슴 찡하게 묘사한 시에 어깃장을 놓으면 억지스럽다. 고향 내음 가득 묻어나는 정겨운 시어는 나무랄 구석이 없다. 아스라한 달빛 쏟아지는 툇마루에 앉아 송편 빚으시던 어머니, 굴비에 옥춘팔보, 어물 보따리 메고 대목장날 골목어귀 들어서시던 아버지. 부모님 얼굴부터 이슬 너머로 뿌옇게 눈에 밟히는 추석이 일주일 앞으로 다가왔다. 서구 문화에 밀려 고유 명절의 의미는 날로 희미해지지만, 아직도 추석은 한국인의 가슴에 사람의 향기를 불어넣는다. 고향, 어머니, 그리움… 그 무엇을 찾아 한국인은 또 꽉 막힌 도로를 마다않고 고향길에 오른다. 한국인 정서의 밑바탕을 그려내는 한가위 보름달 속 토끼의 떡방아, 송편 찌는 떡 시루 풍속의 원형을 찾아 나선다.

포천 한탄강 지류 영평천변 집터 부뚜막 유물

경기도 용인시 기흥구에 자리한 경기도박물관으로 가보자. 얼핏 흙 무더기로 보이는 특이한 유물이 기다린다. 불에 타 검게 그을린 숯덩이가 보인다. 포천시 영중면 한탄강 지류 영평천 마을 유적 1호 집터에서 걷어온 노지 부뚜막이다. 솥을 거는 아궁이 옆에 반쯤 묻혀 고개를

노지 부뚜막
포천 영송리 출토. 경기도박물관

내미는 항아리는 춘천 중도中島에서 주로 출토돼 중도식中島式이라 불리는 경질硬質토기다. 국내 박물관 가운데 유일하게 현장 부뚜막을 통째로 옮겨온 유물이어서 눈길이 더 오래 머문다. 한성백제 시절이니 못 잡아도 1천 5백년은 훨씬 넘었다. 이런 흙더미 말고 김이 모락모락 피어오르는 좀 더 실감나는 고대 사회 부엌을 볼 수는 없을까?

고구려 여인 부뚜막에서 떡 찌는 채색 풍경화 안악3호분

포천 부뚜막 옆에 걸린 유물 사진 한 장이 갈증을 풀어준다. 노지 부뚜막과 달리 화려한 채색이 돋보이는 부엌그림이어서 금방 시선을 빼앗긴다. 하나씩 뜯어보자. 기와지붕 처마 아래 부엌이 눈에 들어온다. 여인 3명의 손놀림이 분주하다. 오른쪽 아낙은 서서 소반 위에 그릇을 포갠다. 가운데 아낙은 땅바닥에 엎드려 앉은 자세다. 머리가 아궁이 쪽을 향한 것으로 봐 불 때는 중이란 걸 어렵지 않게 알아챈다. 아궁이 구멍에 불길이 벌겋게 타오른다. 시골에서 새벽녘과 저녁에 밥 짓거나 국끓이기 위해 불 때던 정경이 새삼 떠오른다.

고구려 부엌 부뚜막 풍경.
옹솥 위 시루에서 떡 찌는 아낙. 바닥의 여인은
아궁이 불지피는 중. 황해남도 안악군 안악 3호분
벽화 사진. 경기도박물관

떡 찌는 아낙과 시루 확대사진.
황해남도 안악군 안악 3호분 벽화 사진.
경기도박물관

불 위는? 아궁이 틀에 항아리처럼 생긴 솥을 걸쳤다. 옹甕솥, 혹은 옹
달솥이라 부른다. 물이나 국을 끓이는 용도다. 그림을 더 들여다보자.
황토 빛 옹솥 위에 검은색 큼직한 시루가 얹혔다. 시루 윗부분에 밝게 빛
나는 부분은 떡이나 밥일 터. 맛나게 익는 중이다. 생김새로 봐 떡에 가
깝다. 옹솥에서 끓어 오른 수증기가 구멍 난 시루 위로 올라가 떡을 익히
고 있음을 알 수 있다. 시루 앞에 서 있는 3번째 여인을 보자. 몸을 숙여
시루 안을 들여다본다. 오른손은 그릇을 들었다. 그릇에는 아마도 시루
에 넣을 콩이나 기타 재료가 담겼을 거다. 왼손은 긴 젓가락을 시루 안으
로 찔러본다. 잘 익었나 확인해 보는 동작이다. 추석이나 설 같은 명절,
혹은 고사 지낼 때 군침 흘리며 떡을 찌던 바로 그 모습과 한 치도 어긋
나지 않고 겹친다. 떡을 찌는 게 아니라 보리나 밀 같은 곡류를 찌는 모

습이라 해도 시루에 찌기 때문에 떡 맛을 낼 게 분명하다. 조상님들 생활상이 담긴 이 그림은 황해남도 안악군 안악 3호분 고구려 벽화다. 시루에 떡이나 곡류를 찌던 고구려 생활풍습이 고스란히 묻어난다.

백제, 마한, 신라, 가야 떡시루 일본 오사카, 사카이 박물관에

국립중앙박물관으로 가면 서울 아차산 근처 구의동 보루에서 출토한 고구려 청동 옹솥에 흙 시루를 얹어 전시중이다. 고구려의 풍습을 더욱 분명하게 보여주는데, 그렇다면 고구려만 그렇게 떡이나 곡물을 시루에 쪄 먹었을까? 백제나 마한, 가야, 신라는 어땠을까? 전라남도 나주시 국립 나주박물관으로 가보자. 고구려 안악 3호 고분 벽화에서

고구려 시루와 솥
구의동 보루 출토. 국립중앙박물관

보던 시루, 옹솥, 아궁이가 실물로 기다린다. 물론 한곳에서 출토한 것은 아니다. 아궁이는 광주 광역시 산정동, 옹솥은 광양시 목성리, 시루는 함평군 진양리에서 출토했다. 이들을 한데 모아 백제 혹은 마한 시절 부엌 풍경으로 복원한 거다. 우리민족이 남부나 북부지방 가릴 것 없이 주식인 밥이나 떡을 시루에 쪄 먹었다는 것이 더욱 명확해진다. 우리 조상들이 남긴 풍속 유물이 때로 외국에 더 많이 보관돼 있는 현실에 적잖이 놀란다. 떡시루도 마찬가지다.

일본 오사카로 가면 그렇다. 1592년 조선을 침략했던 도요토미 히데요시의 오사카 성은 건물 대부분이 허물어졌지만, 성벽 주위를 감싸는 방대한 해자垓字(물웅덩이)와 성 꼭대기 히데요시의 거주지 천수각天守閣은

시루, 옹솥, 아궁이 유물
백제(마한). 국립나주박물관

시루와 옹솥
복원. 광주 신창동 삼한시대 농사 유적.
국립광주박물관

아궁이에서 옹솥에 시루 걸고 불을 때자 굴뚝으로 연기가 나가는 장면
국립나주박물관

아직도 위용을 뽐낸다. 오사카 성 바로 앞은 고토쿠孝德 천황이 645년 도읍을 옮겨 지은 궁전 터다. 나니와難波 궁전이라 부른다. 이 일대 지명은

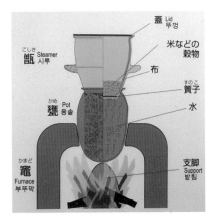

시루, 옹솥, 아궁이
불을 때 조리하는 과정을 나타낸 그림.
오사카역사박물관

나니와 궁전과 한자는 같지만, 발음이 다른 난바難波다. 오사카 번화가다. 660년 의자왕이 항복하고, 일본에서 온 응원군과 백제연합군 마저 663년 오늘날 금강의 백촌강(백강)전투에서 패하자 백제계 유민이 대거 난바로 몰려온다. 그 난바 나니와 궁전 왼쪽에 NHK 오사카방송국과 오사카역사박물관이 자리한다. 백제와 마한, 가야, 신라의 시루 수십여 점이 전시돼 적잖이 놀란다. 국내 어느 박물관에서도 볼 수 없는 풍

백제계 시루
3-5세기. 고분시대. 오사카역사박물관

경이기 때문이다. 오사카 남쪽 교외도시 사카이 박물관도 시루와 옹솥을 전시하며 고대 한일의 시루와 옹솥 풍습을 증언한다. 일본 박물관은 우리보다 시루 유물이 많은 것은 물론 자세한 그림설명이 붙어 고대 조리문화를 한눈에 이해할 수 있도록 도와준다.

떡시루의 기원은 중국 신석기 시대

중국은 어땠을까? 오사카역사박물관에는 밑면에 직사각형 구멍이 규칙적으로 뚫린 청동 시루와 옹솥을 전시중이다. 박물관 측은 평양에서 출토한 기원전 108년~기원후 313년 사이 유물이라는 설명서를 붙였다. 한나라가 고조선 평양 일대에 설치한 낙랑 시기다. 중국 한나라에서도 떡 찌는 시루와 옹솥을 사용했다는 말인가? 북경 국가박물관으로 가보자. 중국 각지의 주요 유물을 모아 중국문명사를 일별하기 좋다. 국가박물관에는 한나라(기원전 206년~기원후 220년) 시기는 물론 그

평양서 출토한 시루옹솥
낙랑. 기원전 108~기원후 313년.
일본 천리대 소장. 오사카역사박물관

평양출토 시루 옹솥을 위에서 내려다 본 모습
구멍 뚫린 모습이 잘 드러난다.
일본 천리대 소장. 오사카역사박물관

이전 전국시대(기원전 403년~기원전 221
년) 청동으로 만든 시루와 솥의 일체형
앤甑(언, 때로는 솥과 분리)을 전시중이다.
평양에서 출토한 낙랑 시루 옹솥과 같
은 형태다.

　중국에서 시루와 옹솥을 이용해 곡물
이나 떡을 찌는 풍습이 언제 시작됐을
까? 북쪽의 수도 북경北京에서 남쪽 수
도라는 남경南京 박물관으로 가보자. 전
국시대를 거슬러 올라가 주나라(기원전
1046년~기원전 771년) 시대 청동 시루가
기다린다. 이뿐만이 아니다. 신석기 시
대 흙으로 만든 시루옹솥 앤甑(언)도 탐
방객을 맞는다. 신석기 농사 문명이 시
작된 이후 중국서 생겨난 시루와 옹솥
문화가 동아시아 각지 곡물 재배 지역
으로 전파 됐음을 보여준다. 뒷산 다복
솔 어린 솔잎을 따다 켜켜이 시루에 깔
고 송편 찌시던 어머니 곁에서 장작불
지피던 시루떡 문화. 중장년 세대의 가
슴에 아련히 남아 있을 고향집 부엌 추
억이 오래 전 중국서 들어온 풍습이었
던 셈이다. 송편이나 시루 떡 찌기 전
방아를 찧어 곱게 가루를 낸다. 이런 명

중국 전국시대 청동 앤(甑, 언)
북경국가박물관

주나라 청동 시루옹솥 앤(甑, 언)
북경국가박물관

신석기 시대 시루옹솥 앤(甑, 언)
중국남경박물관

절 방아 찧기는 달나라 귀여운 옥토끼 떡방아 설화로 귀에 못이 박이도록 회자된다.

중국 서안 비림박물관, 달나라 방아 찧는 옥토끼 화상석

옥토끼 떡방아 설화의 기원을 찾아 중국의 역사고도 서안西安으로 가보자. 당나라 수도로 장안長安이라 불렸고, 주변국가에 수도를 상징하는 이름으로 사용될 만큼 인구 100만 명의 거대도시였던 장안. 조선시대 한양을 장안이라 부르거나 '장안의 지가紙價(종이값)를 올린다'는 관용어가 나올 만큼 당대 지구촌 최대 규모 도읍이었다. 서안 비림碑林 박물관은 후한(25년~220년) 이후 중국의 다양한 비석은 물론 주요한 석조石彫 예술품을 전시중이다. 한국단체관광객도 자주 찾는 이곳에 흥미로운 석조유물이 기다린다.

후한 시대 방아 찧는 옥토끼 화상석畵像石이다. 무덤이나 사당의 돌벽, 혹은 돌기둥에 새긴 조각을 화상석이라 부른다. 후한과 삼국시대, 위나라 시기 널리 쓰였다. 왼쪽 기와 지붕아래 남녀 한 쌍이 앉았다. 중국 역사와 도교에서 최고의 신선으로 받드는 쿤룬산맥(쿤룬崑崙, 곤륜)산 정상 하늘나라의 서왕모西王母와 그보다 후대 등장한 동왕공東王公, 혹은 東王父 (남자 신선 관장)이다. 이 옆에 큼직한 토끼 한 마리가 커다란 절굿공이를 들고 귀를 쫑긋 세운 채 두 눈을 동그랗게 뜨고 방아 찧는 모습이 해학적으로 그려졌다. 옥토끼 방아 설화가 적어도 2000년 전 중국 한나라 때 널리 퍼졌음을 알 수 있다.

옥토끼, 철지난 중국 설화 아닌 우주대국 중국 상징, 한국은…

옥토끼는 한나라시대 유행한 철지난 설화가 아니다. 현재진행형이다.

옥토끼 방아 찧는 모습
왼쪽은 서왕모와 동왕공. 후한(25~220년) 화상석. 서안비림박물관

토끼 두 마리 떡방아
한나라 화상석. 서안비림박물관

2013년 중국은 미국, 러시아에 이어 세계에서 3번째로 무인 우주선을 달에 착륙시켰다. 우주선 이름은 창어姮娥(항아)다. 항아는 중국 역사에서 초기 3황5제 시절 5제의 요임금과 순임금에 앞선 세 번째 왕 제곡帝嚳의 딸로 전한다. 서왕모 궁정에서 불사不死의 묘약을 훔쳐 먹고 달나라로 도망가 달의 신이 된 여인이다. 우주선이 내려놓은 달 탐사차량은 위투玉兎 (옥토, 달 속 옥토끼)다. 항아가 빼어난 미모의 달 여신이라면 옥토끼는 보름달 속에 사는 주민이다.

중국은 올해 미국과 러시아도 하지 못한 우주굴기에 도전장을 내밀었다. 햇빛이 늘지 않는 날 뒷년에 우주선을 착륙시키는 일이나. 이미 동신위성 췌차오鵲橋(작교, 칠석 날 까치와 까마귀가 놓는 다리 오작교)를 쏘아 준비를 마쳤다. 옥토끼 설화를 만들어낸 원조나라 중국이 우주를 향해 나가는 동안 옥토끼 떡방아 설화를 공유했던 한국은 무엇을 하고 있었는지. 같은 시기 벌어진 4대강 사업이 떠오른다. 추석 송편을 먹으며 역사와 풍속, 과학과 미래가 별개의 것이 아니라 맞물려 돌아가는 것임을 새삼 되새겨 볼 일이다.

명절 차례·제사상 제기 | 가야부터 유라시아 전역 활용

1988년 경상남도 의창군 동면(현 창원시 의창구 동읍) 다호리에서 국립중앙박물관이 대대적인 발굴작업을 벌였다. 기원전 1세기~기원후 1세기 경 널무덤(목관묘木棺墓) 12기와 독무덤(옹관묘甕棺墓) 2기다. 고고학자들의 조심스런 손길이 흙을 걷어 낼 때 마다 수많은 고대 유물이 쏟아졌다. 청동 투겁창(동모銅矛), 중국 한나라 구리거울(동경銅鏡), 띠고리(대구帶鉤)같은 청동기와 쇠로 만든 투겁창(철모鐵矛)·꺾창(철과鐵戈)등의 무기류는 물론 칠을 한 나무그릇(목태칠기木胎漆器)이 2천여 년 만에 햇빛을 봤다.

이 가운데 특히 눈길을 끈 유물은 나무 칠기 그릇인데, 요즘 추석이나 설, 기제사에서 음식을 담는 제기祭器와 생김새가 판박이다. 더욱 놀라운 점은 나무 칠기에 과일이 바짝 마른 채 담겨 있었다. 무덤 껴묻거리(부장품副葬品)인 만큼 당시 장례나 제사문화를 알려주는 결정적인 유물로 손색없다. 추석을 앞두고 제사 풍속문화사를 들여다본다.

국립중앙박물관의 창원 다호리 가야 제기와 음식물

민족의 큰 명절. 추석秋夕. 한가위 때 가정마다 잊지 않고 꼭 챙기는 일은 차례상차리기다. 조상에게 한해의 결실을 감사드리는 의식인 만큼 정성을 다 바친다. 정성의 표현은 가득 고인 음식물로 나타난다. 그 제물을 담는 그릇을 제기祭器라고 부른다. 제기는 약간의 변형이 있지만, 대개는 위쪽이 동그란 접시처럼 생겼다. 그 접시 아래로 원뿔형 받침이 달렸다. 이런 형태의 제기를 언제부터 사용했을까? 고대 우리 조상들의 차례 상 차린 영상이 남아 있지 않으니 가장 마뜩한 방법은 당시 장묘문화를 들여다보는 일이다. 장묘문화는 무덤에 고스란히 묻어난다. 비록 고인의 인체는 한줌 흙으로 돌아갔지만, 부장품은 오롯하다. 그 유물에 오늘 우리 문화의 원형이 된 고대의 문화가 엿보인다. 상상의 무대를 용산 국립중앙박물관으로 옮겨보자.

창원 다호리 출토 가야 칠기 고배
감이 담겼다. 기원전 1-기원후 1세기.
국립중앙박물관

창원 다호리 출토 가야 고배
밤이 담겼다. 기원전 1-기원후 1세기.
국립중앙박물관

박물관 1층 고대 가야관으로 가면 다호리에서 출토한 유물이 반갑게 손짓한다. 기쁜 마음에 다가서면 마른 감과 밤이 담긴 칠기가 2천년 세월이 믿기지 않을 만큼 완벽한 모습으로 기다린다. 감이며, 밤은 오늘날 차례상 제물이어서 탐방객의 눈이 휘둥그레진다. 경상남도 고령군 지산리에서 출토된 대가야 고분 제기에는 생선 가시가 가득 담겼다. 요즘도 제사상에 조기 같은 생선을 올리는 점과 다르지 않다. 음식이 담긴 이들 그릇은 높다란 다리가 달렸다. 그래서 고고학

고령 지산리 출토 가야 고배
생선가시가 담겼다. 기원전 1-기원후 1세기.
국립중앙박물관

함안 오곡리 출토 가야 고배
생선가시가 담겼다. 국립김해박물관

제물 담긴 현대 차례상 제기

가야 고배
국립김해박물관

에서는 고배高杯라고 부른다. 배杯는 잔이나 컵의 뜻도 있지만, 그릇이라
는 의미도 갖는다. 한글로 풀면 '굽다리 접시'다. 오늘날 추석 차례 상에
올리는 제기 역시 고배의 일종이다. 여기서 궁금해진다. 우리민족은 언
제부터 이런 식의 상차림으로 제사문화를 다듬었을까? 유물로 확인되는
제사풍습을 역사기록으로 살펴보자.

『삼국지』「위서」가 전하는 가야 제사 풍습

조조의 위魏나라를 뒤엎고 등장한 진晉나라의 진수陳壽(233~297년)가 편

찬한『삼국지三國志』가운데「위서魏書」는 기념비적 역사책이다. 마지막 30권 '오환선비동이열전烏丸鮮卑東夷列傳'이 3세기 동아시아 여러 민족의 역사와 풍습을 다룬 현존하는 유일한 저술이기 때문이다. 기마민족인 오환, 선비와 함께 등장하는 '동이東夷'에는 우리 민족의 기원으로 평가되는 부여夫餘 · 고구려高句麗는 물론 동옥저東沃沮 · 읍루挹婁 · 예濊 · 삼한三韓 · 왜倭를 다룬다. 이 가운데, 백제가 속한 마한馬韓, 흔히 가야로 인식하는 변한弁韓, 신라가 속한 진한辰韓을 소개하는 한 대목을 보자.

"변한과 진한은 잡거(雜居)하며 언어 · 법속(法俗) · 의식주 생활이 같고 다만 제사풍속이 다르다…"

제사가 언급돼 있다. 어떻게 다르다는 건지 보다 더 중요한 대목은 3세기 가야에서 제사를 지냈다는 점이다. 그리고 제사상에는 국립중앙박물관에서 보는 창원 다호리 출토 칠기 고배처럼 과일이나 각종 음식을 담았음에 틀림없다.

신라 황남대총 출토 황금 고배

『삼국지』「위서」에서 가야와 제사풍습이 다르다고 언급된 진한, 즉 신라로 가보자. 신라의 천년 고도 경주시 황남동 대릉원大陵園. 학창시절 수학여행으로 누구나 다녀왔을 대릉원에서도 가장 규모가 큰 무덤은 황남대총이다. 높이 23m, 남북 120m, 동서 80m 크기의 쌍분雙墳이 우뚝 솟아 보는 이를 압도한다. 만주 집안에 있는 태왕릉의 현재 남아 있는 높이가 14m 정도 되므로 황남대총은 우리 민족이 남긴 고분 가운데 가장 높다. 더욱 놀라운 것은 1973년 이곳을 발굴했을 때 쏟아진 엄청난 양의

황남대총에서 출토한 황금 고배
5세기. 국립경주박물관

황남대총에서 출토한 은 고배
5세기. 국립경주박물관

황금 유물이다. 물론 고배도 빠지지 않았다.

5세기 신라왕이 마립간麻立干, 혹은 매금寐錦(충주 고구려비를 비롯해 주로 고구려에서 신라왕을 가리키던 호칭)으로 불리던 시기 조성된 돌무지 덧널무덤(적석목곽분積石木槨墳)의 웅장한 위세가 스민 황금 고배. 국립경주박물관에서 탐방객을 맞으며 발하는 영롱한 빛에 눈이 부실 정도다. 변한과 신라의 경상도지역을 벗어나 호남의 마한 지역, 충청, 경기의 백제는 어땠을까? 광주 전남대학교박물관과 서울 한성백제박물관 등 각지에서 고배가 반갑게 눈웃음친다. 고배가 한반도 구석구석 고루 퍼져 제기로 사용됐음을 확인시켜 준다.

일본 카시하라박물관 고배 차림상

궁금해진다. 고배는 우리 민족만 사용한 걸까? 우리와 문화교류가 잦았던 일본으로 먼저 가보자. 도쿄국립박물관이나 오사카역사박물관으로 가면 경주 대릉원보다 더 큰 초대형 고분이 등장했던 일본 고분시대古墳時代(3~5세기) 고배가 전시돼 마치 우리 유물처럼 반갑게 맞아준다. 고대 한일 문화 교류의 단면을 잘 보여준다. 오사카 근교 카시하라고고학

일본 고분시대 고배
3-5세기. 도쿄국립박물관

일본 고분에서 출토된 신라 고배
오사카역사박물관

제천행사 재현 장면 속 음식물 담긴 고배
일본 카시하라고고학연구소부설박물관

연구소부설박물관으로 가면 특이한 장면이 눈에 띈다. 야요이 시대(기원
전 3세기~기원후 3세기) 제사장 샤먼Shaman이 주관하는 제천祭天의식이다.
고배에 음식을 잔뜩 담은 상차림은 우리네 고사 지내는 장면과 빼닮았
다. 장례등의 제사문화 말고, 하늘에 제사 지내는 우리 민족의 제천행사

에 대해서는 『삼국지』「위서」에 역시 언급된다. 부여의 영고迎鼓를 비롯해 고구려의 동맹東盟, 동예의 무천舞天이 그렇다.

고구려인 절하는 모습 만주 집안 장천1호 고분 벽화

동맹東盟이라는 제천행사를 치렀던 고구려에도 당연히 제사풍습이 있었을 터이다. 어떤 모습이었을까? 고구려는 벽화의 나라다. 신라와 달리 고구려 장묘양식은 돌방(석실石室)을 만들어 관을 안치하고, 돌방 위에 다듬어진 돌을 계단식으로 쌓는 적석총을 주로 썼다. 그렇다 보니 돌방 벽면에 벽화를 그릴 수 있었다. 고구려 적석총 돌방의 벽화는 고구려의 문화를 전하는 풍속화첩 역할을 톡톡히 해낸다. 벽화 속에서 고구려 전통과 풍습이 고스란히 되살아난다. 그렇게 전해지는 벽화 가운데, 제사 풍습과 관련해 유추해볼 흥미로운 단서가 눈길을 끈다.

자리를 만주 집안集安시로 옮겨 보자. 고구려 2대 유리왕 때 도읍을 정해 427년 장수왕이 평양으로 천도할 때까지 5백여 년 고구려 수도 국내성國內城이다. 압록강변에 자리하는데 강 건너는 평안북도 만포시가 손에 잡힐 듯 가깝다. 집안 우산리에는 고구려 고분 벽화 전시실이 자리한다. 그중 장천 1호 고분 벽화를 보면 남녀가 한복을 입고 엎드려 절하는 장면이 나온다. 물론 절하는 대상은 좌대에 앉은 부처님이다. 불교 의식이기는 하지만, 경배의 마음을 표현하기는 제사의식도 마찬가지다. 고구려인들이 어떤 자세로 절했는지를 잘 들여다 볼 수 있다. 앞쪽의 남자는 상투를 틀고 검은색 저고리에 점박이 무늬 바지를 입었다. 점박이 무늬는 고구려 벽화에 여럿 등장하는 점으로 미뤄 고구려인들이 즐겨 입던 디자인으로 보인다. 뒤쪽 여성 자태에 눈길이 더 쏠린다. 검은색 저고리에 붉은색이 든 긴치마를 입고 남자처럼 두 손을 공손히 앞으로 모은 뒤,

고구려 고분 벽화 속 남녀가 절하는 장면
상투와 남녀 한복이 인상적이다. 5세기. 중국 집안 고구려 고분벽화 전시실

무릎 꿇어 머리가 땅에 닿도록 절한다. 이번 추석에도 금수강산 방방곡곡에서 접할 풍경과 한치도 다르지 않다.

중국, 우즈베키스탄, 페르시아 고배

중국은 어떨까? 역사고도 서안西安(예전 장안) 섬서성 박물관으로 가면 공자孔子(기원전 551~기원전 479년)시기보다 앞선 기원전 8세기 주나라 고배가 눈길을 보낸다. 중국에서는 이를 '떠우(두, 쿄)'라고 부른다. 발길을 역시 역사고도 낙양洛陽으로 옮겨보자. 추석이면 TV를 통해 자중 등장하는 민요. "낙양성 십리허(언덕)에 높고 낮은 저 무덤은…" '성주풀이'에 등장하는 그 낙양 북쪽에 북망산北邙山(언덕)이 있는데, 여기에 무덤을 많이 썼다. 그래서 '북망산'은 무덤을 상징하는 대유법으로 쓰인다. 낙양박물관에는 주나라보다 훨씬 오래된 용산문화龍山文化(기원전 2500~기원전 2000

중국 수나라 시대 두(豆)
6세기. 낙양박물관

중국 신석기 시대 용산문화 두(豆)
기원전 2800~기원전 2000년. 정주 하남성박물관

신석기 시대 중국 두(豆)
남경박물관

중국 신석기 시대 두(豆)
기원전 3300~기원전 2200년. 북경 국가박물관

년)시기 고배가 기다린다. 남경南京 박물관에는 신석기 시대 흙으로 만든 고배가 전시돼 고배의 유구한 역사를 말해준다.

고배를 사용하는 문화는 중국에 그칠까? 중앙아시아로 가보자. 우즈베키스탄 남부 아프가니스탄과 국경을 이루는 고대도시 테르미즈. 여름이면 한낮 섭씨 40도를 훌쩍 넘기는 테르미즈박물관에 기원전 15세기 고분에서 발굴한 유골과 고배 형태 그릇을 고스란히 옮겨 놨다. 곡물이 그대로 담긴 상태다. 마치 가야의 창원 다호리나, 고령 지산리 고배처럼 말이다. 테르미즈에서 서남쪽으로 더 내려가면 이란이 나온다. 이란의

중앙 아시아 매장문화 속 고배 형태 그릇
음식물이 담긴 모습. 기원전 1500-기원전 1000. 우즈베키스탄 테르미즈박물관

우즈베키스탄 고배
기원전 1500~기원전 1400년. 타쉬켄트 박물관

그리스 고배
마라톤 출토. 기원전 3200~기원전
2300년. 마라톤박물관

카스피해 연안 말리크에서 출토한 기원전 4천년 전 고배형태의 그릇은 프랑스 파리 루브르에서 만난다. 선사시대부터 동서로 많은 유물이 교류된 인류사에서 고배 역시 동서양을 오간 교류의 산물일까?

2018년 추석 차례상은 재래시장에서 볼 경우 평균 23만2천원 정도 든다고 한국농수산식품유통공사가 내다봤다. 장바구니 물가 걱정과 함께

페르시아 고배
기원전 4000년 경. 파리 루브르박물관

아나톨리아 토기들
칸하산 출토. 기원전 5천년대.
앙카라 아나톨리아 고문명 박물관

조상의 얼이 스민 제사문화의 유
래를 더듬어 보는 한가위가 되길
보름달이 뜨기에 앞서 미리 빌어
본다.

아나톨리아 고배
칸하산 출토. 기원전 5천년대.
앙카라 아나톨리아 고문명 박물관

새해 소망 빌던 서낭당 | 몽골 초원에서 티벳 고원까지

"…성황당에 돌을 던져서 제발 남편이 신발과 댕기를 사오기를 축수하면서 짜장 댕기와 고무신을 사오지 않으면 사생결단으로 싸워보리라 마음먹었다… 순이는 이 세상 모든 재앙과 영광은 성황님이 주시는 걸루 믿는다. 순이는 지금 고무신을 산 것도 성황님의 은덕이라 믿는다… 순이는 성황님! 성황님! 하고 부르짖었다. 모든 것이 성황님 덕택 같았다. 집 앞까지 다다랐을 때 문득 에헴 하는 귀에 익은 현보의 기침 소리가 들렸다. 아! 성황님! 성황님! 순이는 다시 한 번 그렇게 부르짖으며 느티나무 아래로 달려왔다…."

1937년 조선일보에 발표한 정비석의 『성황당』. 우리네 정서를 지고지 순한 여인의 삶과 사랑에 잘 담아낸 소설로 1939년 영화로도 제작돼 인기를 모았다. 무술년戊戌年, 황금개의 해를 맞아 건강과 복을 비는 마음 가득한 가운데, 민간 신앙 풍습 '서낭당'의 세계를 들여다본다.

8천848m 에베레스트 정상에 오색천 나부끼는 서낭당

지구에서 가장 높은 곳은 어디일까? 해발 8천848m의 에베레스트 산은 중국 지배하의 티베트와 독립국 네팔 국경에 자리한다. '에베레스트'라는 이름은 19세기 측량을 담당한 영국의 인도 식민지 관리 이름이다.

서낭당
국립민속박물관

서울 돈암동 북악스카이웨이 서낭당
전국 곳곳에 자리하는 서낭당.

티베트에서는 옛 부터 '초모룽마Chomo Lungma(세계의 어머니 신)'라고 불렀다. 중국은 '초모룽마'를 한자로 옮긴 '쭈무랑마珠穆朗瑪(주목랑마)'란 이름만 쓴다. 제국주의와 이민족 지배의 잔영을 간직한 이 산 정상에 무엇이 있을까? 순백의 눈과 푸르디푸른 하늘, 그리고 하나 더. 장승같은 큼직한 나무 기둥 하나가 흰 눈 속에 박혔다. 나무에는 울긋불긋 천이 휘감겼다. 만년설의 세찬 눈보라에 휘날리는 천의 정체는 무엇인가? 한국인이라면 한번쯤은 봤을 울긋불긋 천 조각 매달린 서낭당 나무가 떠오를 터이다.

여기서 한국학중앙연구원이 펴낸 한국민족문화대백과를 펴 「서낭당」을 보자.

"마을의 수호신으로 서낭을 모셔놓은 신당. '성황당城隍堂'이라고도 한다. 마을 어귀나 고갯마루에 원추형으로 쌓아 놓은 돌무더기 형태로, 그 곁에는 보통 신목神木으로 신성시되는 나무 또는 장승이 세워져 있기도 하다. 이곳을 내왕하는 사람들은 돌·나무·오색 천 등 무엇이든지 놓고 지나다녔다."

한국학중앙연구원이 펴낸 사전의 정의대로 하자면 1953년 5월 29일, 뉴질랜드 출신 영국국적의 에드먼드 힐러리와 셀파 텐징 노르게이가 처음 오른 극한의 땅 에베레스트 정상에 천 감긴 신목은 분명 '서낭당'이다.

정비석 『성황당』 순이가 빌던 돌탑 서낭당 풍습

에베레스트 정상 서낭당을 누가 설치했는지는 뒤에 살피고, 경복궁 안에 있는 국립민속박물관으로 가보자. 박물관 건물 앞 정원에 잔돌을 쌓아울린 돌탑 하나가 탐방객을 맞는다. 한국민족문화대백과에 "마을 어귀나 고갯마루에 원추형으로 쌓아 놓은 돌무더기"라는 표현이 딱 어울린다. 대학교 3학년 때까지 추석 지나 음력 9월 보름이면 시루떡에 정안수 떠 놓고 마당에서 보름달 보고 어머니와 복을 빌던 필자의 추억 속에는 마을의 잔돌더미가 아직도 살아 숨 쉰다. 주민이나 과객이 오가며 작은 돌을 얹고, 마음속으로 새해 건강과 행운을 빌던 곳. 순이가 돌을 쌓으며 남편이 고무신과 댕기를 사 오게 해달라고 빌던 그 모습 그대로다.

정비석의 『성황당』에서 무대로 삼은 지역은 북녘 땅이다. 소설에 순이가 남편과 숯을 구우며 살던 지역 삼천마. 귀성 천마, 삭주 천마, 의주 천마라는 큰 고개를 경계로 압록강변 평안북도 귀성, 삭주, 의주가 나뉜다. 귀성은 고려시대 강감찬장군의 귀주대첩龜州大捷이 펼쳐진 현장이다. 정비석은 어린 시절 살았던 고향 의주에서의 서낭당 풍습을 떠올리며 1937년 27살 나이로『성황당』을 썼다. 서낭당 풍습은 이렇게 한민족의 터전에만 뿌리내린 민속신앙일까?

몽골 초원에서 만나는 돌탑과 오색천 나무기둥, '어워'

발길을 의주에서 압록강 건너 북으로 옮기자. 북경에서 버스를 타고 7시간. 중국 내몽골 자치구 정란치正蓝旗에 이른다. 고려 고종의 아들 원종이 태자시절 몽골 쿠빌라이 칸에게 찾아가 항복을 알렸던 도시 상도上都 유적이 자리한다. 상도 유적지 박물관 언덕에 높이 솟은 돌탑. 압록강 남쪽에서 순이가 빌던 것과 같은 서낭당 돌탑이다. 여기서 서쪽으로 동유럽까지 끝없는 초원지대다. 실크로드Silk Road에 가려 덜 알려졌지만, 1만여 년 전 신석기농사문명 이후 동서 문명교류의 통로 초원의 길Steppe Road이다. 기원전 2천년 이후 기마문화가 그 길을 통해 몽골초원, 중국,

중국 내몽골 자치구 정란치 상도(上都) 서낭당

몽골 수도 울란바토르 북부 고개 마루 서낭당 오보
현지명 '어위'. 돌탑과 천을 매단 나무기둥으로 이뤄졌다.

한반도로 들어왔다. 스키타이족은 그리스의 황금문명을 동쪽으로 옮겼다. 반대로 몽골초원의 훈(흉노)족과 돌궐(투르크)족, 징기스칸의 몽골은 말을 몰아 중앙아시아와 유럽을 짓밟았다. 쿠빌라이의 4촌 형 바투는 그렇게 모스크바까지 유린했다.

몽골제국의 과거 수도이던 중국 내몽골 자치구 상도上都에서 북으로 올라가 몽골 공화국의 현재 수도 울란바토르. 차를 타고 도심을 조금 벗어나자 초원지대 고갯마루에서 가이드 겸 기사가 경적을 '빵빵' 울린다. 앞에 차도, 사람도 안 보이는데 웬 경적인가. 의아해서 묻자. 잠시 차를 길가로 댄다. 차에서 내리고서야 그 이유를 알았다. 놀랍게도 고갯마루에 서낭당이 자리하는 게 아닌가. 잔돌을 쌓은 돌무더기가 2개였다. 그 옆에는 높고 낮은 나무기둥 2개가 꽂혔다. 오색천이 두 개의 기둥을 칭칭 동여맸다. 주로 파란색 천인데 '하닥Khadag'이라고 부른다. 돌탑과 오색천의 나무기둥이 함께 있는 서낭당, 현지인들은 '어워Owoo'라고 부른다. 몽골 가이드는 작은 돌 몇 개를 주워 돌탑에 얹는다. 그리고 시계 방향으로 3바퀴 돈다. 차를 타고 지나며 내리지 않을 경우는 경적만 울린다. 무사안전과 행운을 비는 기도다.

돌탑 '오보', 샤먼(무당)이 주관하는 제천행사에서 시작

몽골초원에서 서쪽으로 더 가보자. 중앙아시아 카자흐스탄. 천산산맥을 남쪽으로 끼고 실크로드 교역도시 알마티가 나온다. 알마티 교외에 기원전 5세기 스키타이족이 현지화한 사카족 무덤들이 남은 도시 이식 쿠르간Isik Kurgan(쿠르간은 봉분형 무덤 가리키는 말)이 자리한다. 이곳에 뜻밖에 몽골에서 보던 살아 있는 나무에 오색 헝겊 조각, '하닥'을 매단 서낭당을 만난다. 여기서 궁금해진다. 중앙아시아까지 퍼진 서낭당은 언

징기스칸이 세운 대몽골제국 수도 카라코룸 폐허 위 서낭당 오보

몽골 노인울라 지방 오보.
살아 있는 나무에 천을 매고 돌탑을 쌓으며 소망을 빈다.
길을 지나는 운전자들은 차에서 내려 기원을 드린다.

몽골 노인울라 서낭당 나무 아래 돌탑과 푸른 천 하닥

제, 어디에서 시작된 풍습일까?

몽골인들이 '어워Owoo'라고 발음하는 서낭당은 학술용어로 오보Ovoo, Oboo, Obo라고 부른다. 초원지대의 돌탑을 가리키는 말이다. 언덕위 신성한 장소에 쌓은 돌탑. 여기서 주술의식이 펼쳐지고 이를 관장하는 인물은 샤먼Shaman(우리네 무당)이다. 샤먼은 인간과 하늘을 연결해 준다. 그하늘 신을 몽골에서 텡게르Tengger, 혹은 텡그리Tengri라고 한다. 혹자는 호남지역에서 무당을 가르키는 '당굴'이란 단어의 어원이자, '단군'과도 연계된다는 주장을 편다. 기마민족 훈(흉노)의 뒤를 이은 선비족, 돌궐족, 몽골족까지 초원지대 하늘 숭배 제천祭天 신앙이 돌무더기 '오보'쌓는 풍습으로 자리 잡는다. 이것이 몽골초원 주변 중앙아시아, 시베리아, 만주, 한반도로 퍼진다. 서낭당 돌탑의 기원은 알겠는데, 그럼 오색천 '하닥'은?

중앙아시아 탐갈리 암각화 지대 천, 하닥을 매단 서낭당
몽골의 영향이다.

중앙아시아 카자흐스탄 이식 쿠르간 서낭당
살아 있는 나무에 천을 매단 기복신앙 풍습 현장이다

에베레스트 서낭당은 '하타'를 맨 '다르초'

무대를 에베레스트로 다시 옮기자. 몽골 '오보'의 천 '하닥'을 에베레스트 북쪽 지역 티베트 말로는 '하타Khata', 에베레스트 남쪽 지역 네팔어로는 '하다Khada'라고 부른다. 티베트를 지배하고 있는 중국 한자로는 '하따哈达(합다)'이다. 에베레스트 정상에 '하타'를 매고 선 나무를 티베트어로 '다르초Darchorg(국내에서는 '타르초'라고 흔히 말함)'라고 부른다. 숱한 산사태나 죽을 고비를 넘겨야 간신히 올라 20~30분 머물다 내려와야 하는 그곳의 행운을 비는 서낭당은 '다르초'다.

우리네 초등학교 운동회 때 운동장을 떠올려 보자. 운동장을 가로질러 만국기가 펄럭인다. 이건 어디서 온 풍습일까? 티베트 '다르초'가 천 '하타'를 나무기둥에 세로로 매는 풍습이라면, 나무기둥 없이 줄을 길게 늘어 가로로 매는 것은 '룽타Lunh ta(일명 룽따)'라고 부른다. 그러니까, 티베트 서낭당은 '다르초'와 '룽타' 2개인 셈이다. 인간의 순수한 마음을 상징해 주로 흰색 천을 쓴다. 그렇다면 '다르초'나 '룽타'에 쓰는 '하타' 천의 기원은? 고대 인도신앙과 불교다. 고대 인도신앙에 선신善神 데바Deva와 악신惡神 아수라Asura가 싸운다. 이런 개념은 기원전 6세기 네팔 남부 룸비니 동산에서 태어난 부처님의 불교 신앙에 영향을 미쳤다. 부처님 설법을 깃발에 적어 악신과 싸울 때 쓴 게 불교에서 깃발 풍습의 기원이다. 하지만, 이렇게 천으로 깃발을 만들어 사람들이 실제 쓰는 풍습이 생긴 것은 한참 후대인 11세기 티베트 불교에서다. 그렇다면 티베트의 '하타'가 몽골로 간 걸까?

몽골 침략시기 13세기, 문화 대이동… 서낭당 전파

13세기 지구상 최강 제국을 일군 몽골이 티베트를 점령한다. 몽골은

서낭당 오보에서 제천행사를 재현한 모습
내몽골 오르도스박물관

티베트 불교를 받아들이면서 티베트 문화에 깊숙이 물든다. 중국을 정복하고 대원제국을 세운 징기스칸의 손자 쿠빌라이는 티베트 승려 파스파에게 명령해 티베트 문자를 살짝 바꾼 몽골 문자(파스파 문자)를 만들 정도였다. 티베트의 흰색 천 '하타'가 몽골로 와 푸른색(하늘 상징)천 '하닥'이 된다. 몽골 전통 샤머니즘의 돌탑 '오보'에 천을 맨 나무 '다르초'가 더해진다. 13세기 말~14세기 말까지 1백년간 고려 왕실은 몽골 말과 변발 같은 몽골풍습을 받아들였다. 서낭당의 유래를 놓고 우리민족 고유 전통 설에서 6세기 중국 남북조 시대 선비족의 북제北齊 때 성城 수호신 성황城隍신앙이 모태라는 주장까지 다양하다. 하지만, 유물로 확인하는 서낭당 풍습은 몽골 유입설에 힘이 실린다.

몽골의 오보는 1920년대 이후 소련 지배 아래 사회주의 독재기간 중

서낭당 제천행사 도중 마주(馬酒) 봉헌.
내몽골 오르도스박물관

서낭당 제천행사 재현한 모습.
내몽골 오르도스박물관

철퇴를 맞았다. 티베트의 다르초 역시 1960년대 중국 문화대혁명기간 동안 숱하게 부서졌다. 우리나라는? 1970년 대 새마을 운동 진행과정 중에 미신의 상징으로 낙인 찍혀 역사의 뒤안길로 사라졌다. 티베트와 몽골에서는 민간에서 명맥을 유지하지만, 우리는 민속 박물관이나 일부 관광지에서 재현해 놓은 것을 볼 수 있을 뿐이다. 하지만, 새해 건강과 행운을 빌던 기복신앙祈福信仰 풍습으로 서낭당은 한국인의 기억에서 아주 오래도록 살아남을 게 분명하다.

'미투'로 본 여성인권 | 고대 수메르, 부인 1명에 남편 여럿

춘호와 아내. 빚쟁이 독촉을 피해 야반도주 하지만, 살아갈 방도가 마땅찮다. 춘호는 애꿎은 아내에게 돈을 구해오라며 손찌검해 내쫓는 다. 아내의 발길은 돈 많은 이주사와 눈이 맞아 팔자 고친 쇠돌어멈 집 으로 향한다. 마침 소낙비가 한 줄금 쏟아지고. 이주사를 따라 쇠돌어 멈집으로 들어간 아내는 2원에 몸을 맡긴다. 남편이란 권력 앞에 자기 학대로 무너지는 아내… 다음날 춘호는 아내를 꽃단장시켜 이주사에 게 돈받아 오라고 보낸다.

향토색 짙은 『봄봄』, 『동백꽃』의 김유정이 1935년 조선일보 신춘문예 에 써 1등작에 뽑힌 『소낙비』 줄거리다. 춘호는 아내를 매춘 현장에 보내 끝내 자살하게 만든 어금니 아빠의 83년 전 복선伏線이다.

우리 사회 미투Metoo 운동이 거세다. 이성적인 면모로 비치던 유명인 들의 페르소나Persona는 '미투'로 폭로된 실체와 너무나 달랐다. 권력(남 성, 남편, 가부장 사회통념, 법과 제도)에 짓눌렸던 여성의 자아회복이란 시대 적 명제 앞에 여성인권 변천사를 풍속과 함께 들여다본다.

김유정 동상
춘천 김유정문학촌.

김유정『소낙비』조선일보 연재 사진
1935년 조선일보 신춘문예당선. 춘천 김유정문학촌

울산 신암리, 일본, 중국의 선사시대 여인조각

울산 신암리 출토 지모신
국립중앙박물관

일본 지모신
국립나라박물관

지모신 조각들
카시하라 고고학 연구소 부설박물관

국립중앙박물관 선사전시실로 가보자. 신석기 유물 사이로 어른 손가락 크기의 작은 인형이 소중하게 모셔졌다. 울산 신암리에서 출토한 토르소Torso다. 봉긋한 가슴과 골반 형태는 여인임을 말해준다. 국내에서 출토된 선사시대 유일한 여인조각이다. 왜 만들었을까? 의문점을 갖고 일본으로 가보자. 큐슈 지방 후쿠오카박물관, 가고시마박물관, 관서지방의 오사카 근교 국립나라박물관, 카시하라 고고학 연구소 부설박물관에서 여인 토르소를 만난다.

북경 국가박물관에는 홍산문화 紅山文化의 중심지인 건평현 우하량에서 출토한 여인 토르소가 반긴다. 건평 우하량박물관이나 대만의 국립고궁박물원에는 옥으로 만든 기원전 4천년~기원전 3천년대 여인형상이 기다린다. 중국과 대만은 이를 여신女神으로 표기한다. 여신 조각이 홍산문화권과 한

홍산문화(紅山文化)의 중심지 건평 우하량
출토 지모신
북경 국가박물관

홍산문화 지모신
내몽골 적봉박물관

홍륭와 문화(홍산문화) 지모신
기원전 5500~기원전 4000년.
대만 국립고궁박물원

반도, 일본에 걸쳐 두루 발굴되는 점이 흥미롭다. 북방 문화, 초원의 길
Steppe Route을 타고 이동해 보자.

터키 앙카라박물관의 기원전 5천750년 여신

중앙아시아와 시베리아 발굴 유물을 전시하는 모스크바 역사박물관
에 먼저 들린다. 크렘린궁 바로 앞에 자리한 고풍스런 역사박물관에서
투박한 면모의 여인조각을 여럿 발견할 수 있다.

터키 수도 앙카라의 아나톨리아 고문명박물관에서 눈길을 끄는 유물
은 단연 여신상이다. 이슬람 신비주의 수피즘Sufism의 중심지인 콘야 지
방 차탈회윅Çatalhöyük(회윅höyük은 '고지대'라는 뜻으로 터키 지명에 많이 쓰임)
에서 출토한 여신이 근엄하게 앉아 표범 두 마리를 양손으로 쓰다듬는
다. 거대한 몸집에 모성의 상징인 유방을 비롯해 넉넉한 뱃살, 풍성한 엉

시베리아 출토 지모신
모스크바 역사박물관

중앙아시아 투르크메니스탄 지모신
기원전 3000년.
상트페테르부르크 에르미타주 박물관

흑해 연안 지모신
기원전 4000년. 불가리아 플로브디브박물관

흑해 연안 지모신
기원전 4000년. 불가리아 소피아역사박물관

덩이 살집은 건강함, 그 자체다. 기원전 7500~기원전 5700년 사이 번영했던 신석기 농사문명 유적지로 유네스코 세계문화유산인 차탈회윅 여신은 무슨 의미일까?

신석기 농사문명 시기 풍년과 다산 기원 지모신(地母神), 여인 권위

답을 찾으러 차탈회윅 동쪽 터키 동부 티그리스강 상류에 자리한 차요뉘Çayönü라는 기원전 7천년대 신석기 농사문명 유적지로 가보자. 2006년 독일 잡지 슈피겔은 "쾰른의 막스 플랑크 연구소가 차요뉘 근처 카라카Karaca 산지에 현재 지구촌 주요곡물 68가지의 공통 조상식물이 야생으로 자란다"고 보도한다. 터기 아나톨리아와 메소포타미아가 인류 신석기 농사 문명의 요람이란 얘기다. 아무것도 없는 대지에 씨를 뿌려 곡

아나톨리아 지모신
차탈회윅 출토, 기원전 5750년.
터키 앙카라 아나톨리아 고문명박물관

아나톨리아 지모신
차탈회윅 출토, 기원전 5천년대.
앙카라 아나톨리아 고문명박물관

에게해 지모신
그리스. 기원전 3000~기원전 2500년.
대영박물관

에게해 지모신
그리스. 기원전 6500~기원전 5300년. 아테네 고고학박물관

이집트 지모신
기원전 4000~기원전 3600. 대영박물관

이집트 지모신
기원전 3800~기원전 3500.
루브르박물관

메소포타미아 지모신
기원전 6000년 경. 이라크 출토.
루브르박물관

메소포타미아 지모신
기원전 6000년 경. 이라크 사마라 출토.
루브르박물관

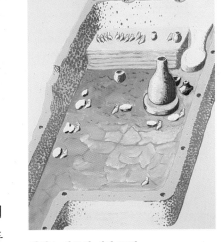

흑해 우크라이나 출토 지모신
성역소에서 발굴. 기원전 3000년.
키예프역사박물관

성역소 지모신 매장 그림
지모신 조각의 용도를 읽을수 있다. 키예프 역사
박물관

식을 거둬들이던 농사 문명 초기 인류. 아이 낳는 여인의 몸을 풍년과 다산의 신성한 힘, 종교적 힘으로 연결시켰다. 대지의 여신, 즉 지모신地母神 조각의 탄생이다. 여성은 권위의 상징이었고, 모계사회가 그 결과로 나타난다. 농경과 지모신 풍습은 초원의 길을 타고 유럽과 아시아로 각지로 퍼져 나갔다.

국가와 권력 탄생 뒤 여인 대신 왕(제사장) 조각 등장

무대를 프랑스 파리 루브르박물관으로 옮겨 보자. 1층 리슐리외관 메소포타미아 전시실을 휘어잡는 강력한 카리스마의 남성 1명이 탐방객을 불러들인다. 메소포타미아 유프라테스강 중류 시리아 마리에서 출토한 조각이다. 턱수염에 당시 남자들의 통치마 카우나케스Kaunakes를 입었다. 흰 석고로 만들어 깨끗한 이미지에 당대 금보다 비싸던 보석, 아프가니스탄 청금석Lapis lazuli 눈동자가 푸른빛을 발하는 이 남자의 정체는? 기

메소포타미아 마리왕국 왕 에비2세
시리아 마리 출토. 농사문명 초기 지모신 조각
이 국가와 계급사회가 등장하면서 왕 조각으로
바뀐다.
기원전 25세기. 루브르박물관

원전 25세기 마리의 통치자이던 에비 2세로 밝혀졌다. 두 손을 공손하게 가슴에 얹고 신에 대한 경배의 마음을 전하는 포즈다.

그렇다. 어느 순간 지모신 조각이 사라진 자리에 강력한 남성 권력자 조각이 나타난다. 금속을 사용해 생산력을 향상시킨 집단이 국가를 만들어 지배계급을 형성하며 잉여물을 활용해 다른 집단을 다스리던 사회, 국가와 계급의 출현이다. 여기서 평등의 농사문명기 필요하던 풍년과 다산의 상징 지모신은 설 땅을 잃는다. 압도적인 생산과 전쟁 도구를 가진 권력집단의 우두머리와 그에게 정통성을 부여하는 신관(제사장)의 세상이 열렸다.

메소포타미아 제사장이나 왕들
기원전 2천년대. 루브르박물관

기원전 24세기 수메르 일처다부제 금지, 기원전 18세기 간통여인 사형

영국 런던 대영박물관 메소포타미아 전시실로 가보자. 이라크 중부 유프라테스 강가의 고대 유적지 우르에서 출토한 기원전 25세기 유물 우르 스탠다드Ur Standard에 맥주 마시는 남자와 하프 연주자의 축제장면이 나온다. 메소포타미아 문명의 창시자 수메르인은 양羊의 신이자 풍요의 상징인 두무지드Dumuzid(아카드 시대 탐무즈Tammuz)를 모셨다. 풍년 기원 두무지드 축제의 핵심은 두무지드와 아내 이나나Inanna(사랑의 여신, 아카드 시대 이슈타르Ishutar)의 결합이다. 아내 이나나와 결합하지 못하면 풍년은 없다. 여신 이나나의 힘이 더 세다는 의미다. 메소포타미아에 아직 여권이 살아 있음을 보여준다. 일설에는 축제 기간 여인들이 남편 이외의 남성과 정사를 가질 수 있었다고 한다. '세상에 이런 일이'라고 놀란다면 남성중심 사고일 터이다.

하지만, 수메르의 여성 우위는 라가시 왕국의 우르카기나Urkagina 왕을 정점으로 사그라진다. 라가시 우르카기나 왕이 기원전 2351년~기원전 2342년 사이 개혁정책을 펴는데, 사뮤엘 크래머S. Cramer는 1964년 놀랄

메소포타미아 수메르 축제 연회
우르 출토. 기원전 25세기. 대영박물관

라가시 왕 우르카기나 개혁법안
일처다부제 금지. 기원전 2351~기원전 2342년
이스탄불 고고학박물관

만한 점토판 연구결과를 내놓는다. 일처다부제一妻多夫制(Polyandry)가 이때 폐지됐다는 거다. 단군 할아버지 무렵까지 남자를 여럿 데리고 산 메소포타미아 여인들의 권위와 인권은 600여년 흘러 기원전 18세기 더 나빠진다. 수메르인을 물리치고 등장한 아카드인의 바빌로니아 제국 함무라비 왕이 간통 여인을 사형에 처하는 법전을 만든다. 물론 남성도 처벌받았지만, 약했다. 여성인권의 쇠퇴다.

그리스로마, 중세 거치며 가부장 중심 사회, 여성의 남성 종속 심화

기원전 8세기 이후 그리스와 로마시대로 가면 남자 가장을 정점으로 한 가부장 사회가 완전히 뿌리내린다. 여성은 정치와 사회활동에서 배제되고 남성에 딸린 부속품으로 종속된다. 여성에게 결혼은 남편의 대를 이을 아들 낳아주는 그 이상도 이하도 아니었다. 여성으로 태어나 죽을 때까지 요구되는 덕목은 오로지 순결뿐이었다. 대신 남자들은 여성을 상품화해 성性을 사고파는 섹스문화를 만개시키는 이중적 권력을 만끽한다. 중세 기독교, 이슬람, 동양의 유교문화 모두 여성 인권의 회복보다는 남성 위주 가부장문화를 심화시키는데 한몫 거든다.

구한말 서양인의 눈, "한국여성 인권 유독 열악"

조선의 5대궁궐 가운데 하나인 경희궁터에 만든 서울역사박물관. 「1904 입체사진으로 본 서울 풍경」 기획전시(2018년 2월 23일~2018년 4월 8일)에서 구한말 외국인이 본 한국사회를 볼 수 있었다. 전시물 가운데, 미국 펜실베이니아 메드빌에 본사를 둔 여행지 키스톤 뷰Keystone View Company가 전하는 1904년 기사가 폐부를 찌른다.

장옷 입은 구한말 여인
서양선교사들은 조선여인의 인권에 경악했다.
서울역사박물관

구한말 서양인이 본 조선여인 인권실태
번역본
미국 여행지 키스톤 뷰 1904년 보도.
서울역사박물관

"개항이후 조선을 방문한 서양 선교사에게 가장 강렬한 인상을 남긴
것은 여성의 절대적인 종속이었다. 다른 나라에서도 귀족 계층은 탐
욕스럽게 횡포를 부리고, 농노계층은 항상 먹을 것이 모자라고 압제를
받았으나, 한국 여인과 같은 처지는 아니었다. 엄격한 무슬림은 여성
을 완전히 고립된 채로 살게 했으나 생활은 편하게 해줬다. 인디언은
여성을 끝없는 노동 속에 뒀으나 자유를 줬다. 한국의 경우 양쪽의 나
쁜 점만 찾아 볼 수 있으며 양쪽 체제 내에 마련된 불편에 대한 보상 요
소는 찾아 볼 수 없다"

불과 110년 전 우리 사회 여성인권의 실상이다.

보바르 이후 페미니즘 운동 탄력… 여남평등 시대로 진보를
프랑스 파리 센강으로 가보자. 바또 무쉬Bateau-mouche(센강 유람선)를
타고 오르내리며 바라보는 풍경은 세계에서 연중 가장 많은 관광객을 불
러 모으는 명불허전 파리의 모습을 유감없이 보여준다. 센강의 파리시

구간에 놓인 다리는 퐁뇌프Pont neuf를 비롯해 모두 37개. 이 가운데 유일하게 여성 이름을 딴 다리가 눈길을 끈다. 2006년 완공한 길이 304m, 폭 12m의 시몬 드 보바르 인도교Passerelle Simone-de-Beauvoir. 프랑스국립도서관 신관으로 이어지는 인도교 이름의 주인공 보바르는 누구인가?

파리 고등사범학교 동기인 장 폴 사르트르와 1929년 계약결혼(2년 뒤 재결정)이라는 파격으로 세상을 놀라게 한 여인 보바르. 1949년『제2의 성Le Deuxieme Sex』이란 대작에서 "여성은 태어나는 게 아니라 만들어지는 것"이란 주장을 편다. 여성은 태어나면서부터 자신의 개성이 아닌 '여자는 어떠해야 한다'는 남성 중심 가치관에 묶여 남성에 종속된 제2의 성으로 살아간다는 거다. 이에 여성이 개성을 찾아 독립된 성으로 살 것을 촉

시몬느 드 보바르 인도교
파리 센강 37개 다리 가운데 유일하게 여성 이름을 땄다. 현대 페미니즘 운동의 이론적 창시자 보바르를 기념해 2006년 만든 다리다.

구했던 현대 페미니즘Feminism 운동의 개척자다.

보바르의 외침이 나온 뒤, 70년 가까운 세월이 흘렀다. 역사학자 에드워드 할렛 카E. H. Carr의 "변화는 분명한데, 진보인지 불확실하다Change is certain, progress is not"는 통찰처럼 여성인권 향상이란 변화가 온 것 같았지만, 정작 남성권력 대 여성종속이라는 본질적 구조는 바뀌지 않았음이 오늘 우리사회 '미투'에서 드러나는 자화상이다. 여성도 독립된 성이며 남성권력에서 벗어나 진정한 여남女男평등을 이루는 진보의 그날을 기대해 본다.

시몬느 드 보바르와 사르트르 합장묘
파리 몽파르나스 국립묘지

용맹한 새깃털 고구려 무사 | 동맹 축제 때 여신숭배

"김중배의 다이아몬드가 그렇게 좋단 말이냐?"

조중환이 조선총독부 기관지 『매일신보』에 1913년 연재한 『장한몽長 恨夢』의 8장 「대동강안」 이별 장면이자 1912년 개성에서 창단된 신파극 단 유일단唯一團이 1913년 8월 초연한 『장한몽長恨夢』의 한 장면이다. 강 석, 김혜영 등의 코믹한 패러디 대사로 더 익숙하다. '한스러운 긴 꿈'이 란 『장한몽長恨夢』은 일본 작가 오자키 고요의 『금색야차金色夜叉』 번안소설 이다. '야차夜叉'는 고약한 악귀이므로 '금색야차'는 겉만 번지르르한 악당 을 가리킨다. 물신숭배를 비꼰다. 1897년 1월부터 2년간 요미우리 신문 에 연재된 이 소설 역시 1884년 사망한 영국 여성작가 샬럿 메리 브레임 C. M. Brame(필명 Bertha M. Clay)의 『여성보다 더 약한Weaker than a woman』을 번안한 거다. 사랑 대신 돈을 택한 심순애와 배신당한 이수일의 아픔이 배인 곳, 세기를 넘어 애송되는 이별대사 현장은 평양 대동강 부벽루다. 문재인 대통령이 2018년 9월 중순 평양에서 김정은 위원장을 만났다. 트 럼프 대통령도 김 위원장과 두 번째 만남을 시사해 9월의 평양은 전 세 계 이목을 집중시켰다. 1천500년 전 고구려 수도 평양의 가을 풍속도를 들여다본다.

호동왕자와 낙랑공주의 비련, 평양 대동강변 황금 허리띠 장식

국립중앙박물관 고대전시실로 가보자. 평양 보통강구역 석암동(구 평안남도 대동군 석암리) 9호 고분에서 출토한 황금 유물이 반갑게 손짓한다. 금판에 큰 용 1마리와 작은 용 6마리가 뒤엉킨 역동적인 모습이 예사롭지 않다, 누금累金기법으로 수많은 금 알갱이를 두르고, 비취(옥)을 상감象嵌한 국보 89호 황금 교구鉸具(허리띠 버클)다. 북방 초원문화의 상징

국보 89호 황금 허리띠 교구
기원전 1세기~1세기. 평양 석암리 9호 출토.
국립중앙박물관

인 누금상감기법의 교구는 순금 53.9g, 1돈짜리 금반지 14개를 만들고도 남는다. 시기는? 무덤에서 기원전 8년 명문이 새겨진 칠漆 그릇이 나왔다. 기원전 8년 한나라에서 제작돼 평양 대동강 유역으로 1세기 초 쯤 왔을 터이다. 아직 고구려가 만주 집안集安 환도성丸都城과 국내성國內城에 머물 때다.

진시황 사후 항우의 초나라를 물리치고 중원을 차지한 유방의 한漢나라는 훈(흉노)과 싸우면서 한족의 영역을 동서남북으로 넓힌다. 7대 무제는 기원전 108년 고조선 수도 왕검성을 함락시키고 낙랑군을 설치한다. 왕검성과 낙랑군, 최리의 낙랑국(낙랑군에서 분파된 세력 추정) 위치는 이견이 있지만, 평양 대동강 유역에 한나라 문화가 유입된 것은 분명하다. 심순애의 마음도 홀릴 법한 화려한 허리띠 장식을 찼을 낙랑 공주와 대동강변에서 로맨스를 벌인 고구려 왕자가 있으니… 고구려 3대 대무신왕의 아들로, 시조 추모鄒牟의 증손자인 호동왕자다. 낙랑공주와 비련 끝에 호동왕자가 자결로 삶을 마감한 것이 32년, 황금 허리띠와 동시대인 1세

기 초다. 대동강은 이래저래 연인들의 로맨스와는 어울리지 않는 모양
새다. 그렇다면…

4.27 남북 정상회담 국군 전통의장대 새 깃털 관모, 고구려 새 깃털 관

문재인 대통령 김정은 위원장
국군전통의장대 사열.
조우관 쓴 모습. TV 화면 촬영.

고구려 새 깃털 금동 관 장식
집안 출토. 국립중앙박물관

2018년 4월 27일 판문점 자유의 집에
서 열린 문재인 대통령과 김정은 위원장
의 2차 남북 정상회담을 돌아보자. 두 정
상을 호위한 국군 전통의장대 대원들 머
리에 특이한 장식이 보인다. 조선시대 군
관복장 관모 위에 새 깃털 2개를 꽂았다.
무슨 근거로 국군전통의장대 머리장식에
새 깃털을 꽂은 걸까?

국립중앙박물관 고구려 전시실에서 또
한 점의 유물을 보면 의문이 풀린다. 고
구려 관모 금동 장식이다. 아직 고구려
금관이 출토된 적은 없지만, 관모 금동장
식은 여러 점 나왔다. 그중 만주에서 발
굴돼 국립중앙박물관에 전시중인 금동
장식은 이마에 두르는 관 테 위에 3개의
새 깃털 세움 장식을 달았다. 새 깃털 장
식에서 한 발 더 나간 새 깃털 금동관은
국립대구박물관에서 기다린다. 경북 의
성 탑리에서 출토된 금동관은 신라의 일반 금동관과 달리 고구려풍의 새
깃털을 원용해 관심을 모은다. 그렇다면 새 깃털 관모 장식이 고구려 풍

습이란 것을 어떻게 알 수 있는가?

대동강 유역 남포시 쌍영총 벽화 속 새 깃털 관, 조우관(鳥羽冠)

중국 역사서를 펼치자. 당나라 이연수
가 남북조 시대 북조의 선비족 나라 북
위, 북제, 북주, 이어 수나라까지 4나라
역사를 659년 100권(본기 12권, 열전 88권)
으로 정리한 역사서가 『북사北史』다. 94
권 열전 고구려조에 고구려인들이 고깔
弁(변) 형태의 절풍折風을 쓰는데, 사인士人
(벼슬하지 않은 사람이란 뜻)들은 새 깃털로
장식한다고 적는다. 조우관鳥羽冠이다. 귀
인貴人들은 비단으로 만든 고깔弁에 금장
식을 붙이는데 이는 소골蘇骨이라는 기록
도 덧붙인다. 국립중앙박물관과 국립대
구박물관의 금동관은 소골인 셈이다. 새
깃털, 조우관을 쓴 고구려 인물을 볼 수
는 없을까? 국립중앙박물관에서는 대동
강 유역인 평안남도 남포시 용강군 용강
읍 쌍영총雙楹塚에서 1913년 일제가 발굴
한 벽화를 전시한다. 화살통을 차고, 말

새 깃털 금동관
경북 의성 출토. 국립대구박물관

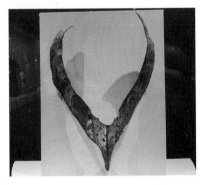

새 날개(깃털) 모양 은제 관 꾸미개
경북 의성 탑리 출토. 국립대구박물관

달리는 고구려 무사 머리에 새 깃털 2개가 꽂혔다. 평양 대동강변은 물
론 대륙을 누비던 고구려 무사의 모습을 따 국군전통의장대 조우관을 만
들어 낸 거다.

새 날개(깃털) 모양 금동 관 꾸미개
황남대총 출토. 국립중앙박물관

새 깃털 조우관 쓴 고구려 무사 벽화
남포 쌍영총 출토. 국립중앙박물관

새깃털 조우관 쓴 고구려 무사 수렵장면
집안 무용총. 집안 고구려 벽화전시실

서안 당나라 장회태자 무덤벽화 조우관 쓴 인물

고구려 조우관 자취를 찾아 중국 역사고도 서안으로 가자. 고구려와 백제를 멸망시킨 당나라 3대 황제 고종과 황후 측천무후는 서안 북서쪽 60여㎞ 지점 함양시 건현 건릉乾陵에 묻혔다. 근처에 17개의 배장무덤이 있는데, 그중 하나가 장회태자 이현 묘다. 고종과 측천무후의 둘째 아들인 이현은 670년 황태자로 책봉되지만, 모후의 미움을 사 680년 폐위된 뒤 684년 자결한 비운의 인물이다. 704년 측천무후가 죽고 나서 706년 부모 곁에 배장된 장회태자 묘전시관으로 들어가면 벽화로 가득하다. 그중 예빈도禮賓圖가 눈길을 끈다. 서안 섬서성박물관에 전시중인 진품에 새 깃털 조우관을 쓴 인물이 보인다. 고구려는 668년 멸망했으니 이현이

당나라 장회태자묘 예빈도 벽화
가운데 새 깃털 조우관 쓴 인물이 보인다. 함양 건현 장회태자묘 출토. 706년. 서안 섬서성박물관

장회태자 시절인 670년~680년 조우관을 쓰고 찾아온 인물은 누구란 말인가?

신라 역시 고구려 영향으로 깃털 관을 쓴 예가 있어 신라인으로 볼 수 있다. 하지만, 고구려인이라는 해석도 가능하다. 668년 고구려 수도 평양에 안동도호부를 설치한 당나라는 670년 치소를 신성新城과 요동성遼東城으로 옮긴 뒤, 677년 고구려 마지막 보장왕을 조선군왕겸 요동도독, 699년에는 보장왕의 아들 고덕무를 안동도독으로 삼아 자치권을 준다. 그렇다면 장회태자묘에 등장한 조우관 인물은 고구려 옛 영토의 고구려인일 가능성을 배제할 수 없다.

우즈베키스탄 사마르칸드 아프라시압 궁전 벽화 조우관 쓴 고구려 사신

고구려 조우관 풍습을 찾아 중앙아시아 우즈베키스탄으로 가보자. 기원전 327년 전후 알렉산더가 정복해 '마르칸드'라는 이름을 붙였던 실크로드 핵심도시 사마르칸드. 몽골초원을 중심으로 고구려와 이웃하며 당나라에 맞서던 돌궐(투르크) 궁전 유적이 사마르칸드 북쪽 교외 아프라시압 언덕에 자리한다. 630년 당나라에 멸망당한 동돌궐과 구분해 서돌궐(657년 멸망)로 부르는 우즈베키스탄 사마르칸드 아프라시압 돌궐 궁정 유적에서 1964년 벽화가 발굴됐다.

4방향 벽화는 동쪽 인도, 서쪽 돌궐, 남쪽 페르시아, 북쪽 중국이다. 아프라시압 박물관으로 들어서면 정면에 돌궐벽화(서쪽면)가 눈에 들어온다. 돌궐 왕 바르후만Varxuman(불호만拂呼縵)이 앉고, 그 밑에 각국 사신들이 돌궐 관리와 서 있는 구도다. 이중 오른쪽 맨 끝에 새 깃털 관을 쓴 2명의 인물이 보인다. 그림은 언제 그려졌을까? 송나라 때 1060년 대 문장가 구양수 등이 편찬한 『신당서新唐書』에 "당 고종 영휘永徽(650~655년)

우즈베키스탄 사마르칸드 아프라시압박물관

돌궐 바르후만 왕 궁정 벽화 전경
사마르칸드 아프라시압박물관

새 깃털 조우관 쓴 고구려 사절
돌궐 궁전 벽화. 650~655년. 사마르칸드 아프라시압박물관

연간에 기基(돌궐) 땅에 강거도독부康居都督府를 설치하고, 기왕基王(돌궐왕) 불호만拂呼縵을 도독으로 삼았다"는 기록이 나온다. 강거도독부 자리는 석국石國(우즈베키스탄 타슈켄트)이다. 따라서, 벽화는 650~655년 그려졌다. 당나라와 국운을 건 대결을 펼치던 연개소문이 645년 돌궐족 나라에 사신을 파견한 사실로 미뤄 벽화 속 조우관 인물은 평양에서 간 고구려 사절이 분명하다. 아프라시압 궁전 벽화가 단순히 지명을 딴 소그드(소그디아나)왕국 유적으로 알려져 있기도 하지만, 현지에서는 『신당서』를 인용해 불호만(바르후만) 왕의 돌궐 유적임을 확인시켜 준다.

새 깃털 조우관 쓴 고구려 사절
돌궐 궁전 벽화 복원 영상 촬영. 650~655년. 사마르칸드 아프라시압박물관

고구려 10월 제천의식 동맹(東盟), 나무로 깎은 수신(隧神, 동굴신) 섬겨

이렇게 새 깃털 관 풍습을 지닌 고구려는 매년 10월 제천祭天의식 동맹
東盟을 개최했다. 이 의식에서 누구를 섬겼을까? 중국 남북조시대 남조의
동진이 무너지고 등장한 한족 송宋(420~479년)나라 범엽이 편찬한『후한
서後漢書』85권「동이열전」고구려조를 보자.

"以十月祭天大會 名曰東盟 其國東有大穴 號隧神 亦以十月迎而祭之
(10월에 하늘에 제사하는데, 동맹이다. 나라 동쪽 큰 굴을 동굴신이라 부른
다. 10월에 이 동굴신을 맞아 제사지낸다)."

수隧는 동굴을 가리킨다. 수신隧神, 즉 동굴신 숭배 풍습을 전해준다.

또 한권의 역사서를 펼쳐 얘기를 진척시키자. 진晉나라 학자 진수가
280년~289년 사이 쓴 위魏, 오吳, 촉蜀 세 나라 역사책『삼국지三國志』65권

가운데 「위서」 30권 째가 「오환선비동이전」이다. 이중 고구려조에

"迎隧神 還於國東上祭之 置木隧於神坐"(동굴신을 맞아 나라 동쪽 높은 곳에 모시고 제사지낸다. 나무를 깎아 만든 동굴신을 신좌에 안치해 모신다)

라고 나온다. 동굴신은 나무로 깎은 목수木隧, 즉 목신木神이었다.

조우관 쓴 고구려 남성들, 부여신으로 부르는 여신 숭배 풍습

이제 마지막 퍼즐을 풀자. 이연수의 『북사北史』 고구려조를 다시 펼친다. 목수木隧, 즉 목신木神의 실체가 나온다.

"又有神廟二所 一曰夫餘神 刻木作婦人之象 一曰登高神 云是其始祖 夫餘神之子 並置官司 遣人守護 蓋河伯女 與朱蒙云(또 신을 모시는 사당 2곳이 있는데, 하나는 부여신으로 나무를 깎은 부인상이다. 다른 하나는 등고신이라 부르는 나라의 시조로 부여신의 아들이다. 관직을 설치하고 관리를 보내 수호하는데 모두 하백녀와 주몽이라고 한다)."

부여출신인 시조 추모가 어머니 유화부인을 부여신으로 신격화한 거다. 『북사北史』는 당나라가 고구려와 사신을 주고받은 뒤, 숱한 전쟁을 치르던 659년 편찬돼 당시 고구려 사정에 밝은 역사서다. 고구려는 장수왕 때 427년 국내성에서 평양으로 천도했으니, 조우관 쓴 고구려인들이 여신 목상木像을 떠받들던 대동강 변 평양의 가을 풍습이 눈앞에 그려진다.

저승길 흙수저 · 금수저 | 이집트 황금마스크와 흙마스크

"나일강의 범람을 기준으로 정한 두 번째 계절 페레트(파종철). 페레트의 3번째 달 22일이었다. 이집트 17왕조 파라오 소벡켐사프와 왕비 무덤에 침입자가 나타났다. 무덤 보수를 위해 석공들이 주위에 있었지만 아랑곳하지 않았다. 도굴범들은 파라오의 부장품 가운데 값 나가는 모든 것을 자루에 담았다. 그것으로도 성이 안찼는지 그만… 파라오 소벡켐사프의 미라에 불까지 질렀다."

'무덤 도굴 파피루스'에 나오는 내용이다. 이유는? 금Gold을 분리하기 위해서다. 금을 털어가기 위한 만행은 고스란히 기록으로 남았다. 파피루스 기록에 따르면 파라오와 왕비 두 구의 미라에서 도굴범들은 금 14.5kg을 녹여 가져갔다. 도대체 미라 어느 부위에서 이렇게 많은 금이 나왔을까? 장례는 가장 성대하고 화려하게 많은 노력과 재화를 들여 치른다. 부장품은 최상의 것을 넣는다. 중국을 제외한 지구촌 대부분 지역에서 금은 최고의 가치를 지닌 물품으로 여겼다. 금으로 만든 부장품, 황금 마스크와 장례문화의 함수관계를 들여다본다.

도굴이 극심하던 기원전 11세기 파라오 무덤에서 황금 털어
우리네 4계절과 달리 태양의 나라 고대 이집트는 계절이 3개였다. 한

계절에 4달씩 있었던 셈이다. 페레트 3번째 달에 있었던 이 사건은 20왕조 8번째 파라오인 람세스 9세(재위 기원전 1126년~기원전 1108년, P. A 클레이튼 저『파라오 연대기』)때 이야기다. 20왕조는 신비의 고대 이집트 역사에서 후대에 속한다. 우리에게 널리 알려진 람세스는 19왕조 3대 파라오 람세스 2세다. 16년 간 파라오로 군림했던 람세스 9세 재임기간 중 유난히 도굴 사건이 많았다. 당시 사회문화상을 전하는 흥미로운 대목이다.

이집트 고대 역사의 주 활동무대 룩소르에 있는 '왕들의 계곡' 파라오 무덤들도 예외 없이 도굴되자 람세스 9세는 무덤 실태 조사를 벌였다. 이때 도굴범들을 붙잡아 재판한 기록이 '무덤 도굴 파피루스'에 남아 있다. 오늘날 여러 박물관에 흩어져 보관되는 이 파피루스 문서에 아문 푸느페르라는 석공의 증언이 담겼다. 여기에 도굴장면이 생생하게 묘사된다. 앞서 소개한 에피소드도 바로 이 석공의 증언이다. 다행히 도굴범은 잡혔지만, 시신도 불타고, 금도 녹아 버렸다. 녹기 전 금의 모습을 보기 위해 발걸음을 이집트 수도 카이로의 이집트박물관으로 옮겨 보자.

도굴되지 않은 파라오 무덤, 투탕카멘 황금 마스크

고대 인류문명이 낳은 화려한 흔적들은 무덤을 통해 장례문화로 남는다. 고분에서 발굴한 유물들은 그 시대의 풍속과 문화를 말해주는 훌륭한 자료다. 카이로 이집트박물관은 1만년 이집트 역사가 응축된 문화재의 보고寶庫다. 그중 신왕국 19왕조 파라오 투탕카멘(재위 기원전 1334년~기원전 1325년) 무덤에서 발굴한 황금 유물은 백미白眉다. 지금까지 알려진 파라오 무덤 가운데 유일하게 도굴되지 않은 채 발굴된 경우여서 그렇다.

이집트박물관 투탕카멘 특별전시실을 더욱 특별한 공간으로 만들어주는 황금 마스크는 길이 54㎝에 무게가 무려 10.23㎏이다. 쉽게 말해서 아기 돌반지 한 돈이 금 3.75g이니까, 투탕카멘 황금 마스크에는 금반지 2천728개를 만들 수 있는 양의 금이 들어갔다. 금만이 아니다. 황금을 주재료로 값비싼 보석을 넣어 화려하게 꾸몄다. 순금에 바다 파랑 청금석(라피스 라줄리), 하늘 파랑 터키석, 붉은 홍옥수(카닐리언)로 장식했다. 라피스 라줄리는 '푸른 금', 즉 청금석靑金石이라 불릴 만큼 최상의 보석으로 고대사회부터 손꼽혔다. 원산지는 아프가니스탄이다. 붉은 색 옥으로 불리는 홍옥수紅玉髓 역시 귀한 보석으로 인더스강 유역에서 난다. 하늘색 터키석은 시나이 반도가 주산지다. 투탕카멘 황금 마스크는 당시 국제교역을 통해 구한 최고의 보석을 집대성한 명품중의 명품인 셈이다.

최고의 보석, 국제 무역의 산물

순금에 값비싼 보석도 보석이지만, 조형미와 표현기법이 이집트 초상화 예술, 금세공술의 절정을 보여준다. 마스크는 네메스관(파라오 머리에 써 어깨 밑으로 늘어지는 관장식), 얼굴, 가짜수염, 우세크(양 어깨에서 목 아래 가슴을 덮는 장식)로 이뤄졌다. 머리를 뒤로 감싼 뒤 양어깨로 내려오는 형상의 네메스관은 노란 순금에 푸른 청금석이 교차하는 디자인이다. 고결한 파라오의 품격이 묻어난다. 이마 부분에 2명의 여신, 와제트(코브라)와 네크베트(독수리)를 달아 권력을 상징한다. 붉은 홍옥수와 하늘색 터키석을 넣었다.

균형잡힌 이목구비에서 특히 눈이 살아 숨쉬 듯 반짝이는데, 눈동자는 흑요석, 흰 자위는 석영을 쓴 결과다. 눈썹과 아이라인은 청금석으로 그었다. 목장식 우세크는 청금석, 터키석, 홍옥수를 번갈아 배치한 모습이다. 유리를 녹여 만든 접착제로 단단하게 붙여 투탕카멘 미라 얼굴에 씌

투탕카멘 마스크
신왕국 들어 황금 마스크로 발전한다. 이집트 역사에서 유일하게 도굴이 아니라
발굴된 신왕국 18왕조 파라오 투탕카멘 황금 마스크. 기원전 14세기. 카이로 이집트 박물관

웠는데, 미라에 사용한 방부제가 마스크에 녹아 엉겼다. 1922년 투탕카
멘 묘를 발굴한 카터가 마스크를 벗겨내는 과정에 투탕카멘 미라 얼굴이
크게 손상됐다. 많이 아팠을 터이다.

기원전 20세기 영생 기원 장례용으로 등장한 마스크

이집트 역사에서 언제부터 미라에 마스크를 씌우기 시작했을까? 유물
을 통해 확인할 수 있는 것은 중왕국(기원전 2040~기원전 1782년) 시대다.
물론 당시는 금이 아니었다. 루브르박물관에 가면 기원전 1950년 경 나
무로 만들어 채색한 마스크를 만난다. 처음에는 소박한 형태로 출발해
점점 화려하고 값비싼 재료로 발전해 갔음이 분명해 보인다. 영생을 믿

었던 이집트인들은 가급적 살아 있을 때와 똑같은 상태로 시신을 처리해 장례를 치렀다. 생전 모습을 본뜬 조각을 빚어 무덤에 넣었고, 차츰 얼굴 모습을 그대로 본뜬 마스크를 씌워 생전 분위기를 더 살려냈다. 그러니까, 황금 마스크의 비밀은 영생인 셈이다. 금은 영원히 변하지 않으니 영생과 잘 어울린다.

신왕국(기원전 1570~기원전 1070년) 시대에는 황금에 각종 보석을 곁들인 마스크가 등장한다. 투탕카멘의 예에서 확인한 대로다. 18살에 요절한 파라오의 황금 마스크가 이리도 화려했다면 이집트 역사에서 가장 강력한 왕권을 휘두른 파라오 19왕조의 람세스 2세(재위 기원전 1279~기원전 1212년)나 다른 파라오들의 황금 마스크는 어땠을까? 상상은 가능하지만, 모두 도굴된 탓에 알 길은 막막하다. 람세스 2세의 아들 마스크는 전해진다. 람세스 2세가 남긴 혈육, 100여명에 이르는 자식 가운데, 아들 카무아세트의 도금 마스크가 루브르에 전시돼 있다. 왕실 가족이나 귀족들은 순금은 아니어도 도금 마스크를 쓰고 저승으로 갔음을 유추해 볼 수 있다. 루브르박물관에는 카무아세트 외에 신왕국시대 황금 마스크 한점이 더 전시돼 탐방객을 맞는다.

재산이 없는 평민들을 위한 흙마스크

부장품은 파라오와 왕실, 귀족의 전유물이 아니다. 평민들이나 가난한 사람들도 장례의식을 잘 치러줘야 망자가 영생을 얻는다고 믿는 건 마찬가지였다. 효심이 지극했던 우리네처럼 고대 이집트인들도 집안 기둥뿌리 흔들릴 만큼 성대하게 장례를 치렀다. 그중 부장품 마련에 가장 많은 돈이 들었다. 평민들이 금으로 미라 얼굴에 마스크를 씌울 수는 없을 테고… 그래도 조상님의 영생을 위해 마스크를 씌우기는 씌워야 할 텐데… 그래서 고안해 낸 것이 흙마스크다. 흙을 구워 마스크를 만든 뒤 망자 미라에 씌워줬다. 뉴욕 브루클린 박물관에 소장중인 흙마스크(관 덮개)는 재산이 넉넉지 않은 서민용 장례용품이다. 살아서도 경제적으로 쪼들려 살았을 텐데, 저승길도 일그러진 흙 마스크 쓰고 가야하는 고대 이집트인들… 그때도 금수저 흙수저 타령이 저승에서 울려 퍼졌다는 게 흥미롭다.

이집트에서 페니키아로 전파된 황금 마스크, 흙마스크

장례문화는 이집트에만 머문 게 아니다. 주변지역으로 전파되는데, 이집트와 교역을 하던 페니키아인들이 맨 처음 이집트 장례문화를 접해 받아들였다. 페니키아는 오늘날 레바논 지역에 자리 잡고 지중해 전역 을 다니며 상업에 종사하던 민족이다. 발걸음을 레바논으로 돌려보자. 수도 베이루트의 국립박물관을 찾으면 페니키아 문명 유물들이 반갑게 인사한다. 여기서 2층 장례문화 전시실로 가면 기원전 10세기~기원전 5 세기 사이 황금마스크들이 반짝인다. 당대 최고의 부자나라 이집트 파

태양왕 람세스 2세 아들 카무아세트
도금 마스크
신왕국 19왕조. 기원전 13세기. 루브르박물관

황금 마스크
이집트 신왕국. 기원전 15세기~기원전 11세기.
루브르박물관

평민용 흙마스크
토관 덮개. 기원전 13세기~기원전 10세기.
이탈리아 토리노 이집트박물관

페니키아 황금 마스크
기원전 10세기~기원전 5세기.
레바논 베이루트국립박물관

평민용 흙 마스크
토관 덮개. 기원전 7세기~기원전 4세기.
뉴욕 브루클린박물관. 국립중앙박물관 특별전

카르타고 흙 마스크
기원전 5세기. 튀니지 카르타고박물관

라오만큼은 아니지만, 황금 마스크를 사용했다는 것 자체가 페니키아도
부유한 나라였고, 문화가 교류 전파되는 것임을 알 수 있다.

페니키아에는 흙수저 마스크가 없었을까? 페니키아인들이 지중해 한

가운데 북아프리카 연안에 만든 식민도시 카르타고로 무대를 옮긴다. 카르타고는 오늘날 튀니지다. 수도 튀니스 해안가에 고대 페니키아인들이 건설한 카르타고 유적과 유물이 로마의 파괴에도 불구하고 일부 살아남아 명장 한니발의 전설을 토해낸다. 카르타고 유적지 박물관에 페니키아 문화상이 배어있는 흙마스크가 일그러진 표정으로 고대 카르타고인의 영생을 향한 깨진 꿈을 대신하며 손짓한다.

2장
여가(스포츠, 연회)

차범근과 손흥민의 월드컵 | 신라 축국과 그리스 하르파스톤

"김유신이 김춘추를 불러 자기 집 앞에서 공놀이를 하다 일부러 춘추의 옷자락을 밟아 옷끈을 떨어트린다. 유신은 집으로 들어가 옷끈을 달자고 권한다. 춘추는 유신의 여동생 문희文姬와 눈이 맞는다. 문희는 아이를 갖고, 유신은 혼전 임신을 물어 여동생 문희를 태워 죽이려 든다. 피어오른 연기를 보고 이를 안 선덕여왕이 명해 춘추와 문희가 혼례를 올린다. 여기서 태어난 아들이 문무왕이다."

일연이 쓴『삼국유사三國遺事』권1 기이紀異 1 태종太宗 춘추공春秋公 편 내용이다. 신라 경주 김씨 왕실에 가야출신 김해김씨 김유신의 혈통이 섞인 거다. 김유신의 계략이었다. 여기서 관심을 끄는 대목은 유신의 정치적 의도보다 신라 시대 공놀이다. 그 공놀이가 축구였을까? 지구촌을 뜨겁게 달구며 팬들의 밤잠을 설치게 했던 월드컵 축구의 기원과 고대 풍속도를 들여다본다.

축구천재 메시를 연상시키는 고대 그리스 청년의 공 다루기 조각

2018년 6월 27일 한국시간으로 새벽 3시. 러시아의 문화수도 상트 페테르부르크에서 열린 월드컵 조별리그 D조 예선 마지막 아르헨티나와 나이지리아의 경기. 반드시 승리해야 16강에 오르는 절박한 상황의 아르헨티나는 시작부터 나이지리아를 몰아붙였다. 전반 13분 52초 경기장 중간 하프라인에서 아르헨티나 바네가 선수가 깊숙한 패스를 나이지리아 진영으로 찔러 줬다. 포물선을 그리며 날아오는 공을 전력 질주하던 축구 천재 메시가 왼쪽 무릎 위 허벅지로 받아 발등으로 한 번 더 고른 뒤, 오른발로 차 넣었다. 하프라인에서 골문 통과까지 4초 만에 이뤄진 전광석화 같은 골. 메시의 환상적인 허벅지 볼 컨트롤을 머릿속에 그리며 그리스로 가보자.

7월의 아테네는 구름 한 점 없는 푸른 하늘, 이글거리는 태양, 불볕더위로 타오른다. 강렬한 햇빛을 피해 그리스문명의 보고寶庫, 오모니아 광장 근처 아테네고고학박물관의 시원한 그늘 속으로 들어간다. 장엄한 이오니아식 기둥의 환영인사를 받으며 입구에서 오른쪽으로 방향을 틀면 그리스 로마의 빼어난 조각들이 탐방객을 반긴다. 대형 동상들을 지나 장례 묘지석Stele들을 모아 놓은 전시실에서 작은 소품 하나에 눈길을 빼앗긴다. 작은 대리석 조각에는 월드컵의 메시처럼 허벅지로 공을 다루는 청년의 모습이 새겨져 있지 않은가. 2천4백년의 시차를 없애며 고대 그리스와 현대 월드컵을 이어주는 조각에 두 눈을 크게 뜨지 않을 수 없다.

유로피언 컵(UEFA 챔피언스 리그) 우승 트로피에 새기는 그리스 조각

설명문을 읽어보자. 아테네 남쪽 해안에 위치한 아테네의 관문 피레우스 항에서 출토된 기원전 400년 경 조각이다. 아테네 북동쪽으로 마라톤 방향에 자리한 험준한 돌산 펜텔리쿠스 대리석Pentellic Marble으로 만들었다. 연노란 색을 띠는 펜틸레쿠스 대리석은 햇빛을 받으면 금빛으로 반짝여 고급 조각이나 건축 소재로 쓰인다. 현대 아테네 아크로폴리스 파르테논신전을 복원하는 대리석으로도 이름 높다. 망자亡者를 기리는

허벅지로 축구공을 다루는 그리스 청년
무덤에 넣은 묘지석의 일부다. 축구 장면을 담은 가장 오래된 유물로 유럽축구협회가 주관하는 챔피언스 리그 우승 트로피에 새긴다.
기원전 400년. 아테네고고학박물관

묘지석의 일부인데, 그리스 도자기의 하나인 루트로포로스Loutrophoros 형태다. 루트로포로스는 결혼식 첫날밤 목욕물을 담는데 쓰이는 도자기다. 총각이 죽을 때 함께 묻어줬으니… 우리식으로 치면 결혼도 못해보고 죽은 총각이 몽달귀신 되지 말라고 빌어주는 것과 같다.

　망자로 추정되는 건장한 청년은 당시 그리스 풍속대로 옷을 벗고 운동 중이다. 그리스 남성들이 입던 긴 겉옷 히마티온Himation이 뒤쪽 기둥에 얹혔다. 청년 앞은 키 작은 소년시종으로 손에 기름도자기병 아리발로스Aryballos와 때밀이 스트리질Strigil을 들었다. 운동 뒤 목욕할 때 쓰는 물품이다. 청년의 포즈를 뜯어보자. 오른손을 몸 뒤로 돌려 왼쪽 손목을 잡고, 상체를 기울여 오른쪽 무릎으로 공을 다룬다. 축구선수들이 몸 풀기 동작으로 연습하는 볼 컨트롤 장면과 판박이다. 기원전 5세기 발로 공을 차는 경기가 있었음을 확인할 수 있다. 물론 현대 축구와 다르지만 말이다. 이 장면은 유럽축구협회UEFA가 주관하는 유러피언 컵European Cup, 일명 우에파UEFA 챔피언스 리그의 우승 트로피에 새겨진다.

축구의 기원은 고대 그리스 14인 경기 에피스키로스(하르파스톤)

고대 그리스에서 이런 공놀이를 에피스키로스Episkyros, 혹은 파이닌다 Phaininda, 때로 하르파스톤Harpaston이라고 불렀다. 각각 14명 안팎의 선수들로 짜인 두 팀이 경기를 벌이는데, 가운데 요즘의 하프라인에 해당하는 스쿠로스Skuros라는 흰색 선을 그었다. 흰 선은 각 팀의 뒤에도 있었으니 오늘날 골라인과 같다. 당시에는 손도 사용할 수 있었다. 골대를 세우고 망을 걸어 골을 넣는 경기였을까? 그렇지는 않다. 공을 상대팀 머리 위로 던지거나 상대팀 뒤쪽 선까지 보내는 경기였으니 오늘날 럭비와 비슷하다고 할까…

형태가 조금 다르지만, 공으로 하는 놀이는 더 있었다. 아포락시스 Aporrhaxis는 공을 튀기는 경기이고, 오우라니아Ourania는 공을 공중으로 높이 던지는 경기다. 고대 그리스 사회에서는 청년들의 체력단련을 국가적 관심사로 중요하게 여겼다. 특히 강건한 군인을 양성하는데 국력을 집중시켰던 스파르타가 더욱 그랬다. 스파르타에서는 1년에 한번 국가 주도로 5개 팀이 참가하는 에피스키로스 대회를 열어 강력한 체력단련 문화를 고양시킬 정도였다.

그리스에서 로마로 전파, 손으로 하는 경기, 여성도 즐겨

그리스문화를 그대로 수용했던 로마에도 공놀이 경기가 있었을까? 이탈리아 시칠리아 피아짜 아르메리나Piazza Armerina로 가보자. 4세기 초 로마의 대형 빌라 유적이자, 이탈리아에 있는 가장 넓은 규모의 바닥 모자이크 명소다. 로마 여인들이 비키니 차림으로 알록달록한 공을 손으로 치는 장면이 눈길을 사로잡는다. 그리스 운동장 팔레스트라Palestra의 공놀이방 스파이리스테리온Sphairisterion에서 행해지던 공놀이 풍속이 로마

그리스 하르파스톤을 계승해 로마시대 하르파스툼을 즐기는 여인 모자이크
손을 사용해 공중에서 볼을 다룬다. 4세기. 이탈리아 피아짜 아르메리나.

에 그대로 전파됐음을 보여준다.

로마로 들어온 시기는 기원전 2세기 경. 로마에서는 하르파스툼
Harpastum이라고 불렀다. 팍스 로마나PAX ROMANA 아래서 공놀이는 자연
스럽게 지중해 전역으로 퍼졌다. 마르쿠스 아우렐리우스 황제 시절 활
약했던 이집트 나일 삼각주 도시 나우크라티스 출신 그리스인 아테나이
우스Athenaeus는 로마시대 공놀이와 관련해 흥미로운 기록을 남긴다. 자
신도 하르파스툼을 즐기는데, 목이 너무 아프다고 하소연하는 내용이
다. 축구처럼 헤딩을 하는 것은 아니지만, 고개를 들고 지속적으로 하늘
을 올려다보며 손으로 공을 친 탓이다.

12세기 영국서 부활한 공놀이, 19세기 현대축구로 거듭나

로마의 하르파스툼은 영국에서 명맥을 잇는다. 중세가 절정으로 치닫던 12세기 큰 인기를 모은다. 많은 사람들이 공놀이에 열중하자 금지령도 나온다. 프랑스 노르망디 지방에 정착한 바이킹으로 1066년 영국을 정복해 현대 영국왕실의 시조가 된 노르만 왕조의 헨리 2세(재위 1152~1189년)가 그 주인공이다. 이유가 흥미롭다. 전투력 향상으로 연결되는 펜싱이나 활쏘기 대신 전투력과 무관한 공놀이에 열광하는 것을 막자는 취지였다. 이후에도 경기가 거칠고 패싸움도 자주 일어나자 튜더 왕조 시기인 엘리자베스 1세(재위 1558~1603년)때 다시 금지령의 철퇴를 맞는다. 곡절 끝에 영국에서 마침내 1862년 축구규칙이 만들어지고, 이듬해 1863년 영국 축구협회가 결성되면서 현대축구로 거듭 태어난다. 이후 축구는 세계 각지로 퍼져나갔다. 1904년 파리에서 국제축구협회(FIFA)가 탄생하고, 1930년 1회 월드컵이 우루과이에서 개최되며 오늘에 이른다.

인류사 가장 오래된 2천 년 전 한나라 시대 공

축구가 그럼 서양의 전유물이었던가? 그렇지 않다. 중국 황하 문명의 젖줄, 황하黃河의 황톳물이 넘실대는 중국 서부 감숙성의 성도 난주蘭州로 가보자. 감숙성 박물관에 인류 역사에서 가장 오래된 축구공이 기다린다. 한나라 시대 그것도 서한西漢 시기(기원전 206~기원후 8년) 공이다. 오늘날처럼 바람 넣은 가죽 공을 기대하면 안된다. 털을 똘똘 뭉쳐 가죽으로 싼 공이다. 한나라 무제 시대 중국은 서역지방을 개척한다. 불교 석굴사원으로 이름 높은 둔황敦煌은 이때 중국 영토로 편입된다.

둔황 마줘안완馬圈灣 지구에서 출토된 이 공의 정체가 이채롭다. 축구

인류역사상 가장 오래된 축구공 유물
털을 뭉쳐 만들었다. 서한시대. 기원전 206년~기원후 8년. 둔황 출토. 난주 감숙성박물관

蹴球가 아닌 축국蹴鞠이다. 축蹴은 발로 찬다는 의미다. 발(족足)에 뛰며 나
간다(취就)는 의미가 더해진 형성문자다. 국鞠은 손으로 잡을 크기의 가죽
공이다. 가죽(혁革)에 쌀을 한 움큼 움킬 만큼의 크기(국匊)가 합쳐진 형성
문자다. 그러니까, 오늘날 구球라는 이름을 사용하기 전 고대 중국에서
는 국鞠을 붙인 축구경기를 즐긴 거다. 사마천이 한나라 무제 때 기원전
100년~기원전 91년 사이 저술한 역사책『사기史記』권69「소진열전蘇秦列
傳」에 제나라 사람들이 축국蹴鞠을 즐겼다고 나온다. 소진이 전국시대(기
원전 403년~기원전 221년) 인물이므로 중국에서 그리스와 비슷한 시기 축
구가 유행했음을 알 수 있다. 감숙성 박물관에 전시중인 형태의 공으로
말이다.

삼국유사-김유신과 김춘추 축국, 구당서-고구려 축국, 남북 통일축구

그렇다면 앞서 살펴봤던『삼국유사三國遺事』김춘추전의 공놀이도 축국
蹴鞠인가? 맞다. 원문을 보자.

"蹴鞠于庾信宅前(유신의 집 앞에서 축국을 했다)."

신라의 공놀이도 중국의 축국이었다. 특기할 것은 부연설명이다. 일
연은 "羅人爲蹴鞠爲弄珠之戲(신라 사람들은 축국을 농주놀이라고 부른다)"라
고 적는다. 농주弄珠. 축국을 가리키는 신라만의 고유한 단어였다.

907년 당나라가 멸망하고 들어선 5대10국 시대 3번째 왕조로 석경당
이 건국한 후진後晉(936년~947년) 때 집필된 『구당서舊唐書』「동이전東夷傳」
을 보자. 고구려에서 "人能蹴鞠(사람들이 축국을 잘한다)"고 기록해 고구려
인들이 축구로 드넓은 만주벌판을 달궜음을 말해준다. 고구려인들이 역
시 축구를 즐겼을 수도 평양에서 최근 남북통일 농구대회가 성공적으로
열렸다. 이제 평양에서 남북 통일축구 대회도 열릴 수 있을까? 1932년
시작된 서울과 평양의 경평京平 축구를 넘어 고구려 축국蹴鞠 풍속을 계승
해 민족문화를 가꾸는 차원에서 말이다.

태종 무열왕릉비 귀부와 이수
김춘추와 김유신은 기록상으로는 우리 역사에서
가장 오래전 축구 경기를 즐긴 인물이다. 경주

김유신 무덤
경주

"기원전 720년. 제15회 올림픽이 열린 올림피아Olympia경기장. 스파르타 출신 아칸토스가 장거리 달리기(오늘날 5천m) 돌리코스Dolichos에 참가해 발가벗고 달려 1등을 거머쥐었다. 이후 올림픽 선수들이 페리조마Perizoma라고 불리는 샅바 비슷한 허리옷Loincloth이나 팬츠를 벗는 나체경기 풍속이 생겼다."

기원전 1세기 로마시대 그리스 역사가 디오니시오스의 기록이다.

200년 뒤 2세기에 활약했던 그리스 지리학자 파우사니아스는 기원전 720년 올림픽 경기 나체달리기의 주역이 단거리 달리기(오늘날 200m) 스타디온Stadion에 출전한 메가라 출신 오르시포스라는 주장을 편다. 일설에는 오르시포스가 페리조마 끈에 걸려 넘어지자, 부상방지를 위해 나체경기 규정이 만들어졌다고 한다. 2천 700여 년 전 같으면 알몸 선수들의 경기를 실컷 볼 수 있었을 2018평창동계올림픽이 성공적으로 개최되었다. 고대 올림픽 풍속도를 들춰본다.

올림피아 헤라신전, 평창동계올림픽 성화 채화… 히틀러가 시작한 이벤트

그리스 펠로폰네소스 반도 올림피아로 가보자. 크로노스산 기슭에 고대 올림픽 스타디온Stadion이 아름답게 펼쳐진다. 향토적인 맨흙 운동장

필리페이온
알렉산더 가문인 필리포스 2세와 그 조상을 기리는 신전. 올림피아 입구에 설치돼 있다.

에 양쪽으로 자연경사를 이루는 녹색 잔디 관중석이 파란 하늘아래 싱
그럽다. 진흙탕이던 이곳을 1829년 되살려낸 프랑스 '모레 학술탐사대
Expédition scientifique de Morée'에 감사해야 한다. '모레'는 펠로폰네소스 반도
의 또 다른 이름이다. 당시 터키에 맞서 그리스 독립을 돕던 프랑스 군대
를 따라간 17명의 탐사대원들 노고에 이어 독일팀이 세기를 넘겨 1961
년까지 말끔하게 되살려냈다. 폐허 올림피아의 위치를 맨 처음 찾아낸
이는 1766년 영국 고고학자 리처드 챈들러R. Chandler다.
  스타디온은 원래 길이 단위다. 192.27m. 천하장사 헤라클레스가 한
숨에 달릴 수 있는 거리다. 나중에는 이 규격에 맞게 만든 운동장도 스타
디온이라 불렀다. 로마시대 라틴어로 스타디움Stadium이 돼 오늘에 이른
다. 올림픽 선수가 돼 경기장을 둘러보는 감흥에 젖은 뒤, 스타디온 크립

스타디온 입구
크립트 올림피아

올림피아 스타디온(Stadion)
기원전 776년 이곳에서 1회 올림픽이 열렸다. 기원전 720년 15회 대회부터 나체경기가 시작된다.

제우스 신전
지금은 폐허로 변했지만, 헬레니즘 시대 7대 불가사의 하나로 선정된 제우스 동상이 있었다.
신전 뒤 올리브 나무에서 올리브가지를 꺾어 우승자에게 올리브관을 만들어 씌웠다

올림피아 헤라신전 헤라이온
이곳에서 평창동계올림픽을 비롯해 동계·하게 올림픽 성화가 채화된다.

트Chrypt(아치형 지붕 갖춘 지하통로)를 빠져나오면 오른쪽으로 당시 그리스 폴리스들이 보물을 보관하던 12개의 보물창고 잔해가 나온다. 50여m 더 가면 도리아 양식 기둥이 우아한 곡선미를 뽐내는 신전에 이른다. 그리스 최고신 제우스의 아내 헤라를 모시는 신전 헤라이온Heraion이다. 신전 앞에 작은 돌 구조물이 보인다. 여기서 2017년 10월 24일 평창동계올림픽 성화가 불

올림픽 성화
고대 올림픽에서는 성화 달리기 대회도 있었다.
루브르박물관

붙었다. 성화는 그 해 11월 1일 인천공항에 도착해 전국을 돌았다. 올림픽 성화 봉송 행사는 히틀러가 체제홍보로 활용한 1936년 베를린 올림픽에서 처음 시작됐다.

올림픽의 시작은… 불효자 기원설과 효자 기원설

올림픽은 누가 시작한 것일까? 전승 신화 2가지가 흥미롭다. 첫째, 불효자 기원설. 올림피아가 위치한 곳은 피사Pisa 지방이다. 고대 피사의 왕 오이노마오스에게 경국지색傾國之色의 딸 히포다메이아가 있었다. 오이노마오스는 사위 손에 죽는다는 신탁Oracle을 얻었다. 죽지 않으려면 방법은 하나. 딸을 결혼시키지 말아야 했다. 오이노마오스는 아버지인 전쟁의 신 아레스(마르스)가 물려준 바람처럼 빠른 명마가 있었다. 여기에 마부는 최고의 기마술을 가진 미르

올림픽의 기원이 된 4두 전차 경주
도자기 그림
대영박물관

틸로스. 옳거니. 오이노마오스는 딸 결혼정책 방을 내붙였다. "나와 전차 경주를 벌여 이기면 내 딸과 결혼하고 지면 죽는다". 12명의 젊은이들이 덤벼들었다 저승길에 올랐다.

이때 머리회전이 빠른 펠로프스가 나섰다. 왕의 마부 미르틸로스를 꼬드겼다. 자신이 경주에 이겨 결혼하면 첫날밤을 공주와 함께 자게 해주겠다는 말도 안되는 유혹에 어리석은 마부가 넘어갔다. 마부는 경기 전날 밤 왕의 전차 바퀴에서 굴대를 고정시키는 나사를 뽑고, 빈 구멍에 밀랍을 메웠다. 전차가 달리면서 밀랍이 녹아 바퀴가 빠져 왕은 죽고 말았다. 펠로프스는 공주와 결혼하고 피사의 왕이 됐다. 승리 감사 기념제를 제우스에게 바친 것이 올림픽의 기원이란다. 삼강오륜三綱五倫이 없던 고대 그리스이니 불효막심한 기념 축제가 가능했겠다. 전승이 하나 더 있다. 천하장사 헤라클레스가 12가지 과업을 수행하는 과정에 피사 옆 지방 엘리스Elis의 아우게아스 왕 소유 축사를 청소한다. 이때 약속을 어긴 아우게아스 왕을 죽인 뒤, 아버지 제우스를 위한 제전을 연 것이 올림픽 기원이라니 일그러진 효심의 산물이다.

올리브기름 바르고 나체로 경기… 여성 관람객은 사형시켜

앞서 살펴봤듯이 기원전 720년부터 나체로 진행된 올림픽. 만약 올림픽에 여자 선수가 있었다면 그게 가능했을까? 운동으로 다진 아름다운 육체를 자랑스럽게 여기던 그리스라 해도 쉽지는 않았을 거다. 고민의 여지가 없다. 고대 올림픽에서 여성은 선수가 될 수 없었으니 말이다. 여성은 경기는커녕 구경조차 금지됐다. 그래도 스포츠를 너무 좋아해서, 아니면 멋진 남자 나체를 보고 싶어서 몰래 경기장 관중석에 끼어든 여인이 있다면 어찌 됐을까? 경기장 옆에 있는 크로노스산 티파이온Typaion

크로노스산
여성 관람자들은 이곳에서 사형시켰다. 올림피아

기름 바르는 스트리질과 올리브 기름
보관 도자기 아리발로스
불가리아 소피아 박물관

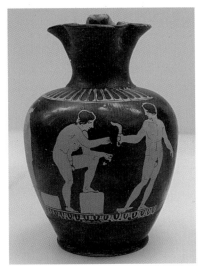

기름 바르는 선수들
아테네고고학박물관

절벽에서 밀어 죽였다. 이런…

요즘 중동의 이란을 비롯해 일부 이슬람 국가에서 남자 경기를 여인들이 관람하다 적발되면 징역 사는 것보다 심했다. 사우디아라비아에서는 최근 축구경기 관람이 허용됐다. 기원전 6세기 초 분위기가 바뀌어 여자 경기가 생겼다. 헤라Hera여신을 기념해 헤라이아Heraia로 불렸다. 남자 올림픽 전에 운동장 크기를 6분의 5로 줄여 펼쳤다. 나체로? 머리를 늘어트리고 무릎 위까지 살짝 올라가는 키톤Chiton을 입고 경기를 벌였다. 우승한 여성에게는 희생의식 때 잡은 소고기를 부상으로 안겼다. 현대올림픽에서 여성 참가가 허용된 것은 1912년 5회 대회 때 수영부터다.

고대 올림픽 선수들은 경기 전 햇볕에 그을리거나 부상방지를 위해 올리브기름을 썼다. 스트리질Strigil이라는 밀개로 온몸에 발랐다.

자유시민 자비로 경기 참가, 10달 전부터 혹독한 훈련

누가 선수였을까? 지금이야 전 세계 젊은이들이 모이지만, 당시는 그리스어를 쓰는 그리스 도시국가의 자유시민들만 참여할 수 있었다. 요즘처럼 국가가 비용을 대는 게 아니라 개인이 자기 돈으로 장비도 사고, 여행경비도 마련하는 점이 달랐다. 특별한 후원을 받지 않을 경우 부유층이 아니면 사실상 참가가 어려웠다. 선수들은 참가 전 10개월 동안 고국에서 훈련을 받았다. 대회 한 달 전 올림피아 옆 폴리스 엘리스에 모였다. 올림피아는 4년에 한번 씩 제전을 치르면 텅 빈다. 사람 사는 곳이 아니다. 가장 가까운 폴리스는 58㎞떨어진 엘리스였다. 엘리스가

심판
레슬링 경기를 펼치는 두선수 뒤에서 막대기를 들고 경기를 진행한다. 루브르박물관

나머지 폴리스에 중립국을 선포하고 올림피아를 돌보며 올림픽을 주관했다.

엘리스에서 한 달 훈련 뒤, 자격심사를 통과해야 경기에 참가할 수 있었다. 요즘 못지않은 강훈련이 필요했던 거다. 자격심사를 통과한 선수들은 이틀 전 올림피아로 걸어서 갔다. 황소 1백 마리를 앞세웠다. 엘리스가 제공하는 소다. 소는 어디다 쓰나? 제전祭典이기 때문에 제우스에게 바치는 희생의식 짐승이었다. 물론 의식 뒤에는 맛난 음식으로 변해 참가자들의 배를 불렀다. 10달 전부터 올림픽을 준비하는 진행요원을 헬라노디카이hellanodikai라고 불렀다. 엘리스 시민 가운데 추첨으로 뽑았다. 심판도 이들 가운데서 맡았다. 레슬링 같이 격한 경기는 심판이 회초리를 들고 있다 반칙이 나올 경우 매질로 떼어놨다. 기원전 400년 95회 대회부터는 9명, 기원전 368년 103회 대회부터는 12명이었다. 각 경기에 얽힌 재미난 에피소드와 선수얘기는 다음기회로 미룬다.

승리의 야자수 나무 가지와 월계관을
쓰고 있는 레슬링 선수
카라칼라 황제 시기 동전 211-217년.
불가리아소피아박물관

승리의 머리띠를 맨 남자
디아두노메스. 아테네고고학박물관

시낭송 월계관… 체육경기 올리브관… 폭군 네로의 우승

올림피아 제우스 신전으로 가보자. 성화 채화 장소인 헤라 신전에서 가깝다. 실상은 금슬琴瑟이 별로 좋지 않은 부부였는데… 지금은 건물 터에 무너진 기둥조각만 나뒹굴지만, 헬레니즘 시대인 기원전 2세기 7대 불가사의 하나로 선정된 제우스 조각상이 안치된 명소였다. 신전 뒤 올리브 나무에서 잎이 달린 가지를 정성스럽게 잘라서 어디다 썼을까? 우승자에게 올리브관을 만들어줬다. 올리브관은 엄밀히 말해 체육경기 분

니케 여신
선수들에게 승리의 영광을 안겨준다.
올림피아박물관

희생의식용 황소 조각
올림피아박물관

네로 황제
올림픽 대회 시낭송 분야 우승자. 1세기.
로마 팔라초 마시모 박물관

야다. 그렇다면 체육경기 말고 다른 경기도 있었는가?

시낭송분야 즉 문학, 예술분야가 있었다. 리라를 켜면서 시를 낭송하는 대회에서 우승하면 월계수 잎으로 만든 월계관月桂冠을 씌워 줬다. 로마시대 폭군 네로는 그리스문화에 심취했고, 올림픽에 직접 참가했다. 언제? 네로의 참가를 위해 개최시기를 연기해 열린 제 211회 67년 대회다. 분야는? 시낭송. 성적은? 당연히 우승이었다. 네로는 월계관을 쓰고 키타라(개량형 리라)를 켜며 낭송하는 자신의 시와 연주를 이해하지 못하는 원로원 의원들을 거꾸로 이해하지 못했다. 로마에서 성대한 개선행사를 치르지만 68년 반란에 자살로 생을 접는다. 영국 왕실에서 뛰어난 시인에게 내리는 칭호 계관시인桂冠詩人은 이 올림픽 전통을 따른 것이다. 야자수 잎도 승리를 상징했다. 이 전통 역시 프랑스 칸느Cannes 영화제의 대상인 빨므 도르Palme d'Or(황금 종려상)으로 이어진다. 금으로 만든 야자 잎, 종려棕櫚다.

에케케이리아(올림픽 휴전)… 남북이 화해 협력으로 세계 평화 선봉에

'에케케이리아Ekecheiria'. 그리스 전승에 올림피아를 사이에 두고 엘리스와 피사 두 나라가 전쟁을 벌인다. 엘리스 왕 이피토스는 펠로폰네소스 반도의 강국 라케다이몬(스파르타)왕 리쿠르고스와 올림피아를 성지로 삼아 무력을 허용하지 않는다는 조약을 맺는다. 이어 피사의 왕 클레오스테네스와 휴전하고 올림픽을 연다. 정확한 역사기록은 아니고, 전승이다. 이렇게 시작됐다는 올림픽 휴전Olympic Truce을 '에케케이리아'라고 부른다. 고대 그리스인들은 이런 평화정신으로 올림픽 전후 1달, 나중에는 3달간 전쟁 없는 시기를 보냈다.

2017년 11월 13일 유엔은 평창동계올림픽 기간 적대행위 중단 결의안을 채택했다. 1993년 국제올림픽위원회와 유엔이 "올림픽 이상과 스포츠를 통한 평화롭고 더 나은 세상을 건설하자"는 결의안을 채택한 이후 전통이다. 2018년 1월 1일 김정은 위원장의 신년사를 시작으로 남북 고위급회담이 열리면서 남북 한반도기 동시입장, 여자 하키단일팀 구성, 예술단과 응원단 파견, 금강산 전야제, 마식령 스키장 활용 등 남북 협력이 무르익었다. 고대 올림픽의 나체 풍속을 계승하기에 동계올림픽은 춥다. 남북이 화해와 신뢰의 따듯한 옷을 입고 라틴어 올림픽 정신 "키티우스Citius(빠르게), 알티우스Altius(높게), 포르티우스Fortius(강하게)" 평화의 새장을 세계 앞에 펼치는 모습이 3달의 에케케이리아를 넘어 지속되길 기대해 본다.

심포지엄은 학술대회? | 도우미 불러 질펀하던 그리스 회식

"분별 있는 사람은 3잔을 마신다. 첫잔은 건강을 위해! 둘째 잔은 사랑을 위해! 셋째 잔은 숙면을 위해!"

기원전 4세기 그리스 철학자 에우불로스가 애주가들에게 권하는 올바른 음주습관이다. 잘 지켜졌을까?

플라톤이 쓴 책 『향연Symposion』을 보자. 기원전 380년 전후 쓰여진 이 작품은 소크라테스와 제자를 합쳐 7명이 사랑의 신 에로스Eros를 다양한 시각에서 바라보며 나누는 대화를 담았다. 한사람의 연설이 시작되면 경청하고, 다른 사람이 사랑을 주제로 이야기하다 스승 소크라테스의 지도를 받는다. 알키비아데스가 등장하면서 분위기가 바뀌더니 대화는 자연스레 다음 행동으로 이어진다. 무엇일까? 음주. 그리스에서 술마시기라면 딱 한 종류, 포도주다. 포도주 마시며 대화를 즐기는 회식, 이를

소크라테스
대영박물관

플라톤
로마 카피톨리니 박물관

조금 고상하게 향연饗宴이라 부른다. 그리스어 심포지온Symposion이다. 이런 저런 송년 모임이 분주하게 펼쳐지는 12월을 맞아 회식문화의 원조, 고대 그리스 심포지온 풍속을 들여다본다.

생맥주집 맥주 용기 '피처', 그리스 포도주가 기원

유럽을 탐방하는 사람이라면 누구나 한번은 들리기 마련인 파리 루브르박물관 그리스 전시관으로 가자. 기원전 6세기 그리스에서 만든 도자기 접시가 원형 그대로 남았다. 접시 바닥에 붉은색 인물Red figure기법 그림이 선명하다. 요즘말로 몸짱 알몸의 남정네에 너무 오래 시선을 고정하지 말고 주변 물건을 보자. 왼쪽 아래 큰 항아리처럼 생긴 그릇은 무엇일까? 크라테르Crater. 당시는 오늘날처럼 알콜 도수가 정해진 병포도주를 사다 마시는 게 아니다. 작은 항아리격인 암포라Amphora에 포도주 원액을 보관해 둔다.

심포지온이 열리면 원액을 그대로 마시나? 그러면 바로 고주망태가 돼 곤란하다. 심포지온 성격에 따라 물을 탔다. 토론성격이 강하면 물을 많이 섞고, 노는 성격이 강하면 물을 적게 섞어 농도 짙은 포도주를 만들었다. 이렇게 물을 섞어 포도주 농도를 조절하는 단지가 크라테르다.

농도 조절을 마친 포도주를 주전자에 떠서 심포지온 장소로 옮겨 가는데, 이 주전자를 피처Pitcher라고 부른다. 그림 속 남자의 오른손에 들렸다. 우리네 회

심포지온 포도주 농도조절 장면
왼쪽 아래 큰 단지가 크라테르, 오른손에 든 주전자가 피처, 왼손에 든 잔은 킬릭스.
기원전 6세기 그리스 도자기. 루브르박물관

연회
덩치 큰 노예가 짧은 투니카(튜닉)를 입은 손님에게 피처에서 잔에 술을 따르는 모습.
3세기 로마 모자이크. 튀니지 바르도 박물관

식풍속도에서 빼놓을 수 없는 2차 장소 생맥주집. 주문할 때면 으레 외친다. "노가리안주에 생맥주 피처로 2개 주세요". 피처Pitcher의 기원은 그리스 포도주 회식문화였다. 피처에서 따라 마시는 잔은 킬릭스Kylix다. 넓적한 잔으로 남자가 오른손에 들었다. 사발처럼 높은 칸타로스Kantharos 잔으로도 마셨다.

올림픽 우승 등 경축행사나 토론행사로 심포지온 개최

이제 장소를 북아프리카 지중해 연안 한 가운데, 튀니지로 옮겨보자. 튀니지는 몰라도 이 사람이나 이 사람의 고국은 안다. 기원전 3세기 말 로마의 간담을 서늘하게 했던 명장, 한니발과 그의 고국 카르타고. 튀니지 수도 튀니스에서 바닷가 쪽으로 난 구시가지가 그 유명한 카르타고다. 기원전 146년 3차 포에니 전쟁(카르타고-로마 전쟁)에서 승리한 로마는 당대 지구촌 문명국가로 찬란한 문화를 자랑하던 카르타고를 불태운 뒤,

소금을 뿌려 불모지로 만들었다. 2백여 년의 세월이 흐른 뒤 로마인들은 카르타고를 로마 도시로 재건한다. 그 때 지은 로마 건물터에서 걷어 올린 호화 모자이크들이 수도 튀니스 바르도 박물관을 가득 메운다. 지구상 최대 규모 모자이크 박물관이다. 이곳에 간직된 로마의 향연 모자이크를 보자.

짧은 투니카(튜닉)를 세련되게 차려입은 가운데 2명이 주인공이다. 이들에게 포도주를 따라주는 덩치 큰 2명의 사나이는 노예다. 큰 피처를 어깨에 메고 주인공의 킬릭스에 포도주를 따라준다. 손에는 작은 피처를 또 들었다. 왼쪽 노예의 손을 보자. 올리브 가지를 들었다. 맨 오른쪽 시종의 손에도 올리브 가지가 들려있다. 무엇을 명분으로 한 향연인지 말해준다. 올리브 가지는 승리의 상징. 주인공이 올림픽에서 승리를 거둔 기념으로 심포지온을 열었을 게 틀림없다. 물론 플라톤의 『향연』에서처럼 토론을 위한, 연설 대회를 겸한 성격도 많았다. 특히 아테네는 기원전 5세기 이후 민주주의가 고도로 발전하고 수사학 같은 인문학이 발달하면서 웅변술이나 지식을 겨루는 일이 잦아 졌다. 심포지온은 좋은 무대였다. 물론 행사나 기념, 단순히 즐기는 심포지온도 흔했다.

5~20여명 참석, 대부분 서서 마시고… 취할 때까지

심포지온 참석인원은 보통 몇 명이나 될까? 플라톤의 『향연』에는 스승 소크라테스까지 7명이 나온다. 보통 심포지온을 열면 5명에서 20명 정도가 모였다. 장소는? 주로 저택의 야외식당에서 펼쳐졌다. 긴 벤치처럼 생긴 돌 의자에 쿠션을 깔고 몸을 왼쪽으로 비스듬히 기울여 눕는다. 왼팔로 몸을 받쳐 고인다. 그렇다 보니 이렇게 편한 포즈를 취하는 인물은 몇 안된다. 젊은이나 비중이 낮은 인물은 바닥에 앉거나 섰다.

포도주를 얼마나 마셨을까? 크라테르에서 농도를 진하게 타든 묽게 타든 결국, 한잔 두잔 마시다 보면 곤드레만드레 취하기 마련이다. 플라톤의 『향연』에서도 대화 말미 포도주 마시며 거나하게 취해 쓰러져 자거나 돌아가는 모습이 묘사된다. 무리지어 큰소리로 떠들며 골목을 누비기도 했으니, 요즘 길거리 고성방가와 다르지 않다. 오죽하면 기원전 4세기 초 활약했던 아테네 시인 에우불로스가 술을 경계하라는 의미에서 이런 말을 남겼을까. "분별있는 사람은 3잔을 마신다. 첫잔은 건강, 둘째 잔은 사랑, 세 번째 잔은 숙면을 위해!" 이어 "네 번째 잔부터 사람이 나빠진다. 5잔을 마시면 고함을 지르고, 6잔을 마시면 거칠어지며, 7잔을 마시면 싸운다. 8잔을 마시면 부수고, 9잔을 마시면 침울해지다가 10잔을 마시면 인사불성이 된다" 애주가들이 연말 송년회 분위기에 귀담아들을 2천 4백년 전 가르침이다.

헤타이라(여성 도우미)도 참석 분위기 돋워…

심포지온에서 술을 마시는데 남자들만 있었을까? 발길을 러시아의 상트페테르부르크 에르미타주박물관으로 옮긴다. 그리스 전시관의 기원전 4세기 도자기 그림을 보자. 돌벤치 쿠션 위에 3명의 남자가 왼팔을 비스듬히 기댄 채 눕듯 앉아 심포지온을 즐긴다. 머리에 관을 쓴 것으로 봐 역시 올림픽같은 경기 우승 심포지온일 가능성이 높다. 물론 마케도니아 등에서는 귀족들이 금으로 만든 월계수나 도금양, 올리브 잎 모양의 관을 쓰고 행사장에 나타나곤 했다. 3명의 남자 앞에 서 있는 인물은 여성이다. 관이 두 개 달린 이중피리 아울로스Aulos를 분다. 심포지온의 흥을 돋우는 중이다. 심포지온의 공식 참가자는 남자들로 제한되지만, 여성도 오는 경우가 있었으니… 누구일까.

심포지온 때 아울로스를 불며 흥을 돋워주던 여인. 리라Lira를 간편하게 만든 현악기 키타라Kithara 연주에 맞춰 시를 읊던 여인. 당시는 시, 특히 서정시 엘레게이아Elegeia가 곧, 노래였다. 주로 사랑을 주제로 한 연가戀歌였다. 심포지온 술자리에 꼭 들어맞는다. 영어로 엘레지Elegy(슬픈 사랑 노래)의 여왕은 이미자가 아니라, 그리스 심포지온에 참석하는 여인이었는데… 이렇게 돈 받고 심포지온에 활기를 불어넣는 여인을 헤타이라Hetaira라고 불렀다. 조선시대로 거슬러 올라가면 황진이 같은 기생이다. 선비들 회식에 끼어 같이 대화도 나누고, 가야금 켜며 시조도 읊던 그런 여인들. 헤타이라도 심포지온에서 특정 주제를 놓고 대화를 나눴다. 런던 대영박물관에 있는 그리스 도자기 그림은 헤타이라와 단둘이 대화를 즐기는 심포지온 참석자의 모습을 확인시켜 준다.

헤타이라 공연
심포지온에 참석한 3명의 남자가 긴 의자에 눕듯이 앉아 포도주를 마시는 동안
아울로스를 불며 흥을 돋운다. 기원전 4세기 그리스 도자기. 상트 페테르부르크 에르미타주 박물관

헤타이라 공연
한명의 연회 참석자 앞에서 헤타이라가
아울로스를 불며 흥을 돋운다.
기원전 510년 루브르박물관

여흥
포도주 혼합기 크라테르 앞에서 2명의 연회
참석자가 몸을 흔들며 즐기고 있는 모습.
루브르박물관

헤타이라와의 대화
헤타이라와 심포지온 참석자가 마주앉아
대화를 나눈다.
기원전 5세기 그리스 도자기. 런던 대영박물관

춤추는 헤타이라
기원전 470-기원전 460.
상트페테르부르크 에르미타주 박물관

헤타이라는 외국인, 높은 지식수준… 유력인사들 사랑 받아

그리스는 남성위주의 가부장 사회로 여성들에게는 폐쇄적이었다. 가정에만 갇혀 사는 여인들이 어떻게 요즘 노래방 도우미 같은 직업을 가질 수 있을까? 헤타이라는 외국인이어서 가능했다. 아테네를 예로 들자면 아테네 이외 폴리스Polis(도시국가) 출신 여인들이 헤타이라가 됐다. 아테네 여인들은 교육을 받지 않기 때문에 대부분 문맹이다. 따라서, 심포

헤타이라와 돈지갑을 손에든 남성 고객
로마 모자이크 2세기. 터키 안타키아 박물관

페리클레스
기원전 5세기 중반 아테네 최고 정치지
도자. 상처후 얻은 동거녀가 유명한 헤
타이라 아스파시아였다. 바티칸 박물관

지온에 끼어 지적 대화를 나누는 게 불가능하다. 다른 폴리스에서 온 여인들은 그런 규제가 없었으므로 공부를 할 수 있었고, 분방하게 밤 문화를 이끌어 갔다. 역설적이다.

유명 헤타이라는 큰 돈을 벌었다. 아테네 명사들로부터 심포지온을 함께 하고 싶은 선망으로 떠올랐다. 소크라테스가 함께 하고자 했던 헤타이라 이름은 아스파시아. 당대 최고라는 명성이 자자했던 이 여인은 누구인가.

기원전 5세기 중반 아테네 민주주의를 이끌었던 지도자 페리클레스의 연인이다. 페리클레스가 첫째 부인을 잃고 나서 얻은 두 번째 부인이다. 그녀는 최고 정치인 페리클레스와 아들을 낳고 살면서도 헤타이라 일을 놓지 않았다. 요즘도 상상하기 어려운 아테네 풍속도다. 헤타이라가 있어 때로 질펀했던 그리스 심포지온. 그리스 헤타이라는 성매매도 가능했을까? 흔하지 않았지만, 그럴 수도 있었다. 물론 전문적으로 그 일만 하는 여성들, 포르나이Pornai는 따로 있었다. 그쪽 풍속문화는 다음기회로 넘긴다.

'혼술' 아닌 함께 마시는 '심포지온', 로마의 '심포지움'으로

그리스어 심포지온의 어원 '심포테인Sympotein'은 '함께 마신다'는 뜻이고 '온on'은 장소를 나타내는 접미사다. '함께 술 마시는 장소', '함께 마시는 술자리'가 심포지온이다. 그러니까 요즘 신세대 풍속도의 하나인 혼자 마시기 '혼술'은 아무리 술을 많이 마셔도 심포지온이 될 수 없다.

그리스를 무너트리고 기원전 1세기 지중해 최고 강자가 돼 로마에 의한 평화, 즉 '팍스 로마나'를 구현한 로마는 그리스 문화를 그대로 수용했다. 에트루리아를 거쳐 받아들인 그리스 문자로 라틴문자를 만들어 썼다. 그 라틴문자가 오늘날까지 지구촌 영어를 비롯한 서양 모든 언어의 문자로 쓰인다. 심포지온도 마찬가지다. 물론 이름이 바뀐다. 로마 라틴어에서 장소 접미사는 '온on'이 아니라 '움-um'이다. 그래서 '심포지온'이 '심포지움Symposium'으로 변한다. 그 심포지움이 영어로 가서 오늘날까지 활용되는데, 내용이 소크라테스 시절과 조금 달라졌다. 현대 영어 '심포지엄Symposium'은 술 마시기가 쏙 빠졌다. 대화하고 토론하는 내용만 남았다. 이번 송년회에는 술도 좋지만 대화를 좀 더 나누면 어떨까?

한국 찜질방과 로마 목욕탕 | 4천5백년전 인더스강 기원

"하루는 산중 나무꾼에게 사슴이 헐레벌떡 뛰어오더니 살려달란다. 불쌍히 여겨 숨기고, 뒤쫓아 온 사냥꾼을 다른 곳으로 보낸다. 사슴은 고마움의 표시로 노총각 나무꾼에게 장가갈 비법을 일러준다. 선녀들이 하늘에서 내려와 연못에서 목욕을 하는데, 날개옷을 감춰두면 올라가지 못하니 아내로 삼으라는 귀띔이다. 요즘으로 치면 범죄인데… 나무꾼 아내가 된 선녀. 나무꾼이 감춰둔 날개옷을 찾아내 아이들을 데리고 하늘로 올라간다."

'선녀와 나무꾼' 설화다. 이 뒷내용은 지역 따라 다양한 버전으로 갈린다. 나무꾼도 곡절 끝에 같이 올라갔다는 둥… 하늘로 갔다 잠깐 어머니 뵈러 와서 다시 못 올라갔다는 둥… 유라시아 초원지대 곳곳에 퍼진 설화의 핵심 모티프는 모계사회, 여기에 하나 더 붙는다. 목욕. 우리 설화에서 선녀가 목욕하던 무대는 금강산 해금강海金剛 감호鑑湖라는 연못이다. 한반도를 둘러싼 긴장이 완화되면 금강산 관광 재개로 감호에서 선녀 목욕의 전설을 되새길 수 있을지… 가을이 깊어가며 목욕과 온천이 제철을 맞는다. 목욕문화가 만개했던 로마의 목욕문화와 그 기원을 들여다본다.

세네카가 남긴 로마의 목욕탕 풍경… 서울의 찜질방 풍경

"공중목욕탕에서 나오는 온갖 종류의 소리를 듣는다. 상상해 보라. 근육질 남자가 거친 숨을 몰아쉬며 운동한다. 손을 흔들고, 공을 잡고, 큰 숨을 몰아쉬고, 고함치고 ,유쾌하지 않은 공기를 내뿜고. 한쪽에선 무기력한 남자가 오일 마사지를 받는다. 안마사의 손이 어깨를 주무르고 두드릴 때마다 소리가 난다. 도둑이 들어 한바탕 소동이 벌어진다. 수영장으로 뛰어드는 소리도 들린다. 미용사가 털 뽑기 위해 손가락에 힘을 줄 때마다 비명이 울려 퍼진다. 음료장수, 빵장수, 소시지 장수, 모두 소리치며 음식을 판다. 주점 주인들은 자기 집 술을 권한다."

요즘도 이렇게 다양한 시설을 갖춘 고급스런 목욕탕, 아니 찜질방을 찾기는 쉽지 않다. 대략 언급되는 시설을 간추려 보면 스포츠 공간, 마사지실, 도둑이 든 탈의실, 수영장, 미용실(면도는 안함), 먹거리와 음료수 파는 스낵바, 술집까지. 어느 시대 이야기일까? 로마시대다. 소크라테스를 존경했던 세네카. 스토아철학자이니 금욕적이어서 아마도 이런 목욕문화를 좋아하지는 않았을 세네카의 기록이다. 냉소적으로 당시 목욕문화를 기록에 남겼겠다. 오늘날까지 미술 교실

세네카
로마 목욕 풍경을 기록으로 남긴 로마시대 스토아 철학자이자 정치인이다.
독일 베를린 페르가몬 박물관

석고데생 시간에 만나는 아그리파 두상. 그 아그리파 장군의 외손녀 소 小 아그리피나가 아들 네로의 가정교사로 모신 세네카는 결국 황제가 된

네로의 명으로 자결하는 비운의 인물이다. 세네카의 묘사 속 로마 목욕탕을 요즘 볼 수는 없을까?

영어 목욕이란 말의 기원, 영국 로마 목욕탕 도시 '바스'

영국 런던에서 기차를 타고 서부 웨일즈 지방 카디프로 가는 도중 나오는 바스Bath로 발길을 옮기자. 이름이 심상치 않다. 바스Bath는 영어로 목욕이니 말이다. 기차역에서 내려 이리저리 물어물어 20분여 걸어가면 큰 건물이 하나 나온다. 밖에서 보면 평범한 건물인데, 로마 목욕탕Roman Bath이라는 안내판이 붙었다. 안으로 들어가면 눈이 휘둥그레진다. 거대한 코린트양식 로마 기둥이 사각형으로 즐비하게 늘어선 안쪽으로 연두색 목욕물이 넘실댄다. 계란 썩는 시큼한 냄새와 함께. 유황온천물인 탓이다.

영국 바스
영어로 목욕을 뜻하는 단어 바스(Bath)가 도시이름이다. 로마 시대 온천 목욕탕의 대욕장을 복원한 모습이다.

바스 대욕장 복원 모형
초대형 건물로 이뤄졌음을 알 수 있다.

바스 유황온천수

영국 록스터 로마 목욕탕 대욕장 혹은 수영장

바스 로마 목욕탕이 로마시대부터 지금까지 한결같은 모습으로 이어져 내려온 것은 아니다. 로마제국이 붕괴되면서 폐허 수렁으로 변했다. 그러다, 18세기 바스가 영국의 고급 온천휴양도시로 개발되면서 로마시대 모습을 되찾았다. 바스가 온천 휴양도시이기는 하지만, 로마 목욕탕에서 현재 목욕을 할 수는 없다. 탐방객들에게 로마 목욕탕의 모습을 보여줄 뿐이다. 단 유황온천수를 마시게 해준다. 온천수를 마시는 것은 질병치료와 연관돼, 바스를 찾는 이들의 주요 관심사다. 로마인이 목욕문화를 배운 그리스에서 목욕은 온천욕이었다. 바스와 달리 기원전 2세기 헬레니즘 시대 그리스 셀레우코스 왕조시절부터 로마는 물론 지금도 온천 목욕탕으로 사용되는 현장으로 가보자.

아직도 발 담그는 그리스로마 온천도시 터키 파묵칼레

한국인 단체 관광객은 물론 배낭여행객들의 인기 탐방지. 터키 파묵 칼레는 멀리서 마치 만년설로 보이는 흰 석회암지대다. 석회암을 뚫고 흐르는 온천수가 에메랄드 빛으로 반짝이며 장관을 이룬다. 전 세계에서 몰린 관광객들은 그리스 로마 도시라든가 유서 깊은 온천이라는 사실은 뒤로 한 채 신비로운 자연 현상을 사진에 담기 바쁘다. 경치에 흠뻑 젖어든 뒤에야 발 벗고 그리스로마 온천 체험으로 즐거운 표정을 짓는다. 바스처럼 온천수에서 고약한 냄새가 나지 않는 이유는 유황천이 아닌 칼슘천이기 때문이다.

파묵칼레는 11세기 저멀리 동방에서 온 돌궐(투르크)족의 일파 셀주크

터키 파묵칼레 온천
그리스 로마 시대 히에라폴리스로 불린 석회암 온천지대가 에메랄드 빛으로 장관을 이룬다.

투르크가 비잔틴(동로마)제국을 몰아내고 차지한 뒤 붙인 이름이다. 그전 그리스 로마시대에는 히에라폴리스Hierapolis로 불렸다. 그리스어로 영웅적인 성스러운 도시라는 의미다. 이슬람화한 투르크 시대에도 온천으로 번성했지만, 1354년 대지진으로 고색창연한 히에라폴리스 건축물은 대부분 파괴돼 흙더미에 덮였다. 오늘날 석회붕 온천수 뒤쪽 로마 도시는 1887년 독일 고고학자 칼 후만Karl Humann 덕분에 살아났다. 그는 히에라폴리스 북쪽 페르가몬 도시유적도 발굴해 제우스 에게 바친 대제단을 통째로 뜯어 베를린 페르가몬 박물관으로 가져간 인물로도 이름 높다.

그리스 목욕은 온천 치료 목적, 로마시대 목욕도 초기에는 치료

그리스인들은 목욕의 치료효과에 주목했다. 로마인들도 그리스를 배워 처음 화산지대 온천에서 목욕문화를 받아들인 뒤 질병 치료에 목욕문화를 접목시킨다. 131년 페르가몬 태생 의사 클라우데 갈리에누스Claude Galienus는 대표적인 인물이다. 스토아 철학자로 '명상록'의 저자 마르쿠스 아루렐리우스 황제와 검투사가 더 어울리는 직업이라고 생각했던 아들 코모두스 황제때 활약한 그는 목욕의 효용성을 일찌감치 알아챘다. 물을 이용한 질병치료법을 제시했던 그는 효과적인 목욕 원칙을 알려주는데 이게 요즘 써먹어도 충분히 통할 요법으로 손색없다.

먼저 뜨거운 열기욕으로 땀을 뺀 뒤, 온탕에서 몸을 뻗고 긴장을 풀어준다. 이어 냉탕에 들어갔다 나와 몸을 문질러준다. 냉탕과 온탕을 번갈아 드나드는 것이 좋다는 충고도 잊지 않는데, 질병예방 효과가 있다는 거다. 그렇지만 심장 발작을 염려해 병약자들은 피할 것을 권한다. 목욕 뒤에는 피부 관리를 위해 올리브기름 마사지가 좋다고 봤다. 이런 목욕을 하루에 2-3번 하라고 했으니…. 직업이 없는 이들만 가능할 일이다.

리비아 고대 로마도시 유적 렙티스 마그나의 로마 목욕탕 대욕장 유적
그리스 로마 유적이 많이 남아 있는 리비아에서 렙티스마그나는 최대 규모의 로마 유적지다.

하지만, 현대 한국인과 고대 로마인 건강상식이 일맥상통 하는 점에는 고개를 끄덕인다. 세조가 치료를 위해 온천을 찾아다닌 점, 80년대 초까지만 해도 대표적인 신혼여행지는 온천인 점, 요즘도 어르신들 단골 단체관광지가 온천인 점을 보면 우리도 온천목욕을 건강과 치료, 휴양으로 가꿔온 셈이다.

목욕탕 우후죽순, 기원전 33년 로마에만 170개

로마 목욕의 실상을 제대로 알아보기 위해 이탈리아 수도 로마로 가보자. 로마 시대 인기 높던 검투경기장 콜로세움에서 남쪽으로 10분여 걸으면 로마시대 최대의 관중을 동원하며 인기를 끌었던 도박 스펙타클,

로마제국 수도 로마의 카라칼라 황제 목욕탕 잔해
한꺼번에 1천600명이 동시에 목욕하던 거대한 규모였다.

전차경주를 펼치던 경기장 히포드롬Hippodrome이 나온다. 키르쿠스 막시무스Circus Maximus다. 여기서 왼쪽으로 10분여 걸어가면 거대한 건물 잔해가 얼핏 괴기스런 풍경을 선보인다. 카라칼라 황제 목욕탕이다. 아버지 셉티무스 세베루스 황제 때 착공해 카라칼라 황제 때 216년 완공한 목욕탕 대욕장 건물은 길이 214m, 폭 110m, 높이가 44m다. 천장은 거대한 궁륭으로 로마 특유의 돔건축 양식이었다. 이렇게 큰 목욕탕에서 몇 명이나 동시에 목욕했을까? 1천600명. 이로부터 70여년 뒤 283년 완공한 디오클레티아누스 황제 목욕탕은 3천명이 동시에 목욕을 즐겼으니 로마 목욕탕의 규모에 새삼 놀란다.

하지만, 초기 공화국시절 로마인들은 목욕을 좋지 않게 여겼다. 인간의 신체를 나약하게 만든다고 봐 노예의 목욕을 금지할 정도였다. 요즘으로 치면 인권탄압… 가정에 목욕탕을 설치할때는 안보이는 으슥한 곳

카라칼라 황제 목욕탕 복원도
화려함과 거대한 면모가 엿보인다. 바스 목욕탕 박물관

폼페이 포럼 목욕탕 열탕 욕조
요즘 목욕탕 온탕이나 열탕 욕조와 같은 구조다. 화산재에 묻혀 있다 건물 원형이 그대로 발굴된 경우다. 건물터가 아닌 벽과 천장까지 로마시대 모습 그대로다.

로마 근교 오스티아 로마 목욕탕 바닥 모자이크
거대한 흑백모자이크가 목욕탕 바닥을 가득 메운다. 모자이크는 바닥의 질척거림을 방지하는 건축학
적 목적 외에 아름답게 꾸미는 장식예술의 측면도 갖는다.

아그리파
기원전 33년 로마의 목욕탕 실태를
조사한 뒤, 공공 목욕탕을 건축한 인
물. 루브르 박물관

에 만들었다. 그러나 금지한다고 수그러
드는 문화는 역사를 통해 찾기 어렵다.
기원전 2세기를 지나면서 상업적인 목욕
탕이 늘어났다. 인식의 변화와 함께 약
간 머리를 쓴 덕이다. 뜨거운 물이 솟는
온천 목욕에서 물을 끓여 열탕이나 온탕
으로 쓰는 방법을 고안하면서 목욕탕이
폭발적으로 늘었다. 초대 황제 옥타비아
누스의 오른팔이자 한 살 아래 사위인 아
그리파가 기원전 33년 조사한 통계에 따
르면 수도 로마에만 170개의 목욕탕이

카르타고 로마 목욕탕
로마가 카르타고를 기원전 146년 멸망시켜 폐허로 만들었다가 1세기 이후 지정학적 중요성을 감안해 복원시킨다. 이후 로마제국 3대 도시의 하나로 발전한다. 아름다운 바닷가를 배경으로 설치했다.

라인강변 로마 속주의 중심도시 독일 트리어의 로마 목욕탕 유적

있었고, 이것도 모자라 아그리파는 국영으로 직접 목욕탕을 건설한다. 지중해 제국으로 성장한 로마의 목욕문화는 지중해 식민지 전역 프랑스, 독일, 영국, 스페인, 북아프리카, 오리엔트로 퍼져 나가 지금도 목욕탕 유적을 접할 수 있다.

로마인에게 목욕은 오후 사교, 대형 목욕탕은 도서관에 강당까지

로마시대 목욕은 하루 특히 오후의 가장 중요한 일과였다. 단순히 몸을 씻는 차원이 아니었다. 그렇다면 집안의 목욕탕을 이용했을 것이다. 로마시대 목욕은 친구들과 어울리는 사교의 성격이 컸다. 오전엔 포럼 등에서 공적인 업무를 보고 오후에 즐겼다. 그러다 보니, 앞서 세네카가 묘사한 목욕탕 풍경처럼 목욕탕에 단순히 탕만 있는 게 아니라 다양한 시설을 만들었다. 먹고 마시는 시설만이 아니다. 도서관은 물론이고 강당도 설치해 학술강연도 펼쳤다. 로마 목욕탕과 판박이인 한국 찜질방도 도서관이나 학술 세미나실을 갖추면 폼이 더 날 텐데…

목욕탕에서 개인위생을 위해 귀는 식초로 닦았고, 이빨을 하얗게 하려고 소변으로 닦는 경우도 있었다. 면도는? 목욕탕이 아닌 이발소를 찾았다. 이발소는 늘 만원이었고, 세상 돌아가는 얘기들이 가장 실감나게 오가던 장소였다. 요즘 동네 미장원 같다고 할까.

목욕의 기원은 인더스 문명 모헨조다로

인더스 강가로 무대를 옮겨보자. 인더스문명의 중심 인더스강은 인도에 없다. 인더스강과 인더스 문명 유적지는 1947년 영국에서 독립하며 인도와 분리된 파키스탄에 자리한다. '이슬람 도시'라는 의미의 수도 이슬라마바드나 남부 인도양의 경제수도 카라치에서 비행기로가야 한

동서양 목욕문화의 기원인 파키스탄 모헨조다로 인더스 문명 목욕탕 대욕장
하수도 시설도 갖췄다. 기원전 2500년 경.

다. 육로는 위험하고 너무 험하다. 인더스강 바로 옆으로 공항이 자리하
고, 공항 근처에 인더스 문명의 상징 모헨조다로 유적지가 이따금 찾아
오는 탐방객을 맞는다. 그 탐방객이 반가운지 유적지 관리소장 겸 박물
관장이 직접 안내하던 2001년 10월의 기억이 새롭다. 모헨조다로 유적
지 중심에 기원전 2천500년전 하수도를 갖춘 대형 공중목욕탕이 발굴돼
있다. 로마식 목욕탕이 아니라 종교적 성격이었을 것이라 가정해도 놀
라지 않을 수 없다. 유구한 역사의 목욕 문화. 로마에서 만개했던 다양한
풍속과 에피소드는 다음기회에 더 다룬다.

3장
일상(의식주, 노동)

로마의 제빵 방앗간 피스트리움 | 제과점 갓 구운 빵의 시초

　'빵'이 포르투갈어라는 사실을 아는 이는 흔치않다. 빵pão. 1543년 태풍으로 일본 가고시마 남쪽 다네가시마 섬에 표류한 포르투갈 사람들은 일본에 조총만 전한 게 아니다. 포르투갈과 교역이 시작되면서 덴뿌라(포르투갈어 Tempora)와 함께 빵이 일본에 전해졌고, 이후 우리나라로 들어온다.

　어릴 적 시골에서 막걸리로 밀가루 반죽을 발효시킨 뒤 단팥을 넣어 쪄주시던 어머니의 누런 찐빵. 그 빵의 기원은 유럽이다. 현대 서양문명의 원류인 로마인들은 빵을 어떻게 만들어 먹었을까? 고장 난 시계처럼 일상의 삶이 순식간에 멈춰버린 폼페이에서 로마시대 제빵 문화 실상을 마주해 본다.

4천 5백년 전 무덤 벽화 속 이집트 빵

　폼페이 탐방의 출발점이다시피한 포럼에서 로마시대 신비의식神秘儀式을 간직한 비의 장원秘儀 莊園(Mystery Villa) 방향으로 발길을 옮긴다. 폼페이보다 북쪽에 있는 도시 에르콜라노로 가는 길목이어서 에르콜라노 문으로 불리는 성문에 이르기 전 폐허 집터 사이로 낯선 유물과 만난다. 마당에 세워진 몇 개의 돌 유물. 장구처럼 생겼는데, 무엇일까?

폼페이 아본단자 길
폼페이 중심도로다.

　메소포타미아와 이집트를 비롯해 그리스 로마의 지중해 주변은 비교
적 건조하고, 겨울에도 따듯해 벼 대신 밀이 어울렸다. 1만여년 전 이곳
에서부터 밀과 보리 농사가 시작된 이유다. 인도 북동부와 중국 남부에
서 시작된 벼는 비가 많이 오는 동남아시아에 제격이다. 쌀은 낱알로 밥
을 지어 먹지만, 밀은 가루로 빻아서 빵을 만든다.

　기원전 26세기 고대 이집트 파라오 쿠푸의 딸 네페르티아베트 공주의
무덤 프레스코에 등장하는 빵은 그리스 로마를 거쳐 지중해 주변 서양인
의 음식으로 자리 잡는다. 하지만, 빵을 아무나 먹을 수 있는 것은 아니
었다. 기원전 6세기 초 솔론의 개혁시기까지만 해도 그리스에서 빵은 일
종의 특식이었다. 이후 포도주에 찍어 먹는 그리스인의 아침식사가 된
다. 로마인들은 주식이던 빵을 집에서 방아 찧어 만들어 먹었을까? 아니
면, 요즘처럼 제과점에서 구운 빵을 사먹었을까? 장구처럼 생긴 돌 유물

고대 이집트의 빵
탁자 위에 기다란 것이 밀가루로 만든 **빵**이다. 기원전 26세기 기자의 대피라미드를 건축한 쿠푸왕의
딸 네페르티아베트 공주 무덤 프레스코. 루브르박물관.

이 답을 들려준다.

방앗간, 암방아와 숫방아가 만나 밀가루를 곱게

현장에서 보는 돌 유물은 두 종류다. 먼저, 원추형 돌은 숫방아다. 두
번째는 여기에 속이 빈 장구 형태의 암 방아를 덮어씌운 거다. 암방아와
숫방아 사이로 밀을 넣고, 암방아를 돌리면 밀이 두 방아 사이에서 으깨
지며 밀가루로 곱게 갈린다. 우리네 맷돌은 위아래로 돌을 놓고 손잡이
로 돌렸다. 집집마다 놓고 썼던 맷돌과 달리 폼페이의 이 방아는 한 장소
에 여러 개다. 개인집은 아니라는 얘기다. 밀 방앗간이다. 그럼 이 큰 돌

피스트리움 방아
원추형 돌은 숫방아, 장구처럼 생긴 것은 숫방아 위에 암방아를 씌운 모습. 폼페이

방앗간 모자이크
로마시대 3세기. 프랑스 생제르맹 앙 레 박물관

물레방아 방앗간
로마시대. 이스탄불 모자이크박물관

방아를 누가 돌릴까?

사람이 움직이기에는 너무 무겁다. 당나귀. 로마의 방앗간에서는 암수로 이뤄진 여러 개의 방아가 있고, 이를 당나귀들이 종일 돌렸다. 사람은 옆에서 밀을 넣고, 가루를 빼내는 역할을 맡았다. 당나귀가 방아를 돌리는 장면을 보려면 이탈리아 수도 로마의 또 다른 나라, 바티칸 시티로 가야한다. 바티칸 교황청 박물관의 로마시대 조각에 열심히 방아 돌리는 당나귀의 고달픈 모습이 생생하게 묘사돼 있다.

2천년 간 변함없이 화덕에서 구워내는 빵

로마의 방앗간은 밀가루만 빻았는가? 폼페이 유적으로 다시 발길을 돌려 보자. 방아 옆으로 붉은 색 벽돌 구조물이 보인다. 아래는 불을 때는 아궁이, 반원형의 윗부분은 밀가루 반죽을 넣어 굽는 선반. 그러니까, 화덕이다. 이 붉은 구조물이 화덕이고 여기서 빵을 구웠는지 어떻게 알 수 있을까? 로마인들은 후대의 호기심 많은 한국 사람들을 위해 친절하게 여러 종류의 유물을 남겨 놓았다. 이번에는 조각이 아닌 모자이크를 보자. 장소를 프랑스로 옮긴다. 프랑스 수도 파리에서 교외선 전철을 타고 서쪽으로 가면 아담한 전원도시 생제르맹 앙 레에 닿는다. 전철역 앞의 고풍스런 건물 박물관에 3세기 로마시대 만들어진 주옥같은 농촌 풍속 모자이크가 기다린다. 화덕에 기다란 장대를 부지런히 넣었다 빼며 빵을 굽고 있는 인부의 모습이 살아 움직인다. 이 장면은 어딘지 모르게 익숙하다. 무궁화 금수강산 서울 한복판의 화덕 피자집에서 익히 보는 모습이다. 폼페이 근처 대도시 나폴리 뒷골목으로 가면 역시 이런 풍경으로 지금도 부지런히 피자를 구워 판다.

방앗간과 빵집을 합친 제과점 피스트리움

로마시대 방앗간과 빵집은 하나로 합쳐져 있었다. 이런 제과점을 피스트리움Pistrium이라고 불렀다. 밀가루 반죽을 의미하는 'Pist(Pasta)'에 장소를 나타내는 접미사 '-um'의 합성어다. 로마 시민들은 집이 아닌 전문 제과점 피스트리움에서 만든 빵을 먹었다. 폼페이에는 이곳 말고도 3군데 더 피스트리움이 남아 있다. 4세기말 로마 제국의 최대 도시 로마에는 무려 274개의 피스트리움에서 나귀가 방아를 돌렸고, 제빵사가 화덕에서 빵을 구워댔다. 요즘 한국 도심지에 많은 체인 제과점과 비슷하다. 피스트리움에서 나귀가 고역苦役으로부터 해방된 것은 395년 이후다. 수력을 활용한 물레방아를 발명한 덕분이다.

피스트리움 화덕
폼페이

피스트리움 화덕에서 빵을 굽는 모자이크
로마시대 3세기. 프랑스 생제르맹 앙 레 박물관

로마제국, 밀에 이어 빵을 빈민에 배급

로마인들은 이렇게 만든 빵을 돈 주고 사먹었을까? 벽보를 붙여 당선된 정치인들이 제일 관심 가져야 할 대목은 로마시대도 민생이었다. 국민이 먹을거리 걱정안하고 편안히 일상을 영위하는 삶은 동서고금에 정치의 요체다. 2018년 5.9 대선을 앞두고 벌어졌던 4차산업혁명과 일자리 공약도 마찬가지다. 고대 신석기 농사 문명이 싹튼 이후 이집트나 메소포타미아에서 치자治者들은 치수治水 즉, 홍수나 가뭄 걱정 없이 농사지을 수 있는 관개灌漑농업에 심혈을 기울였다. 기하학이나 수학도 여기서 발달한다.

중국 고대 하나라 우임금은 아버지가 실패한 치수 문제를 13년 만에

가지런히 박물관 뜰에 놓인 방아
터키 가즈안테프박물관

로마 방아
런던 시립박물관

당나귀가 돌리는 로마 방아 모형도
런던 시립박물관

당나귀가 방아를 돌리는 조각
로마 바티칸박물관

해결하고 순임금으로부터 왕위를 물려받지 않는가. 치수의 목표는 풍년 농사요, 이를 기반으로 저자거리 필부匹夫도 먹을 것을 입에 문채 배와 땅을 두드리며 "해가 뜨면 들에 나가 일하고, 해 지면 들어와 쉬네. 샘을 파서 물마시고, 농사지어 내 먹는데, 왕이 무슨 소용이요."라는 고복격양鼓腹擊壤가를 부를 수 있었다.

기원전 18세기 바빌로니아 제국의 함무라비 왕은 농민에게 황소를 압류하지 못하도록 했으며, 기원전 6세기 민주정치를 찍어 누른 아테네의 독재자 페이시스트라토스는 농민들이 밀농사를 지어 먹고 사는 제도를 갖춰 인기를 얻었다. 공화정 초기 나라 살림살이가 넉넉하지 않던 로마는 기원전 241년 1차 포에니 전쟁에서 카르타고를 물리치고 밀의 곡창 시칠리아 섬을 인수하면서 밀을 빈민들에게 무상 배급했다. 기원전 31년 악티움 해전에서 옥타비아누스가 이집트의 클레오파트라와 안토니우스 부부를 물리치고 이집트를 속주로 삼은 뒤에는 상황이 더 좋아진다. 비옥한 나일강 곡창의 밀을 수탈한 제국 황제들은 아예 빵을 만들어 빈민들에게 나눠줬다. 민중들에게 배급한 빵은 공화정을 빼앗긴 채 황제의 독재정에 시달리던 민중의 소요를 막아줄 유력한 장치였다.

먹음직스런 로마시대 빵은 어떻게 생겼을까

태평성대의 요건, 로마의 빵은 어떻게 생겼을까? 기원전 753년부터 476년까지 무려 1천2백여 년 지중해 일대를 호령한 로마인들이 즐겨 먹은 빵은 식빵, 아니면 바게트처럼 생겼을까? 백문불여일견百聞不如一見, 이 유물을 보자. 제주도의 검은 현무암 덩어리 같은데. 가만히 보면 부풀어 오른 사이사이로 줄이 나 있다. 인위적으로 만든 무늬다. 지금도 제과점에서 볼 수 있는 형태의 빵이다. 베수비오 화산이 폭발하면서 순식간에 진흙더미에 묻힌 에르콜라노에서 출토돼, 현재 폼페이 팔레스트라에 전시중인 탄화炭化 빵.

시커멓게 타버린 빵 말고 좀 더 먹음직스러운 빵은 없을까? 천연색 프레스코 그림을 통해 궁금증을 풀어 보자. 로마인들은 실내 장식할 때 벽을 프레스코 그림으로 꾸몄다. 침실이나 거실은 정원 분위기를 내고, 식당은 음식재료나 완성된 음식을 그려 넣었다. 화산재로 고스란히 덮인 폼페이의 벽은 무너지지 않았고, 그 벽면에 프레스코 역시 그대로 남았다. 그 벽에 그려졌던 빵 그림이 2013년 런던 대영박물관 폼페이 특별

로마시대 숯덩이 빵
에르콜라노 출토. 폼페이 팔레스트라 전시관.

로마시대 빵 그림
폼페이 출토. 런던 대영 박물관.

전시회 때 내걸렸다.

옥타비아누스가 하루 한 조각 먹으며 장수하던 빵

옥타비아누스
아테네고고학박물관

그 때 소개된 로마의 빵 그림으로 시선을 옮긴다. 무화과 과일이 2개 걸려있고, 그 아래 노란 빵이 먹음직스럽다. 효모균을 잘 썼나. 적당히 부풀어 올라 입맛을 당기는 빵을 보면 군침이 절로 돈다. 요즘 동네 제과점에서 보는 빵과 크기와 모양이 크게 다르지 않다. 둘레는 흰색이고 노릇노릇 구워진 빵은 가운데로 갈수록 짙은 갈색을 띤다. 7개의 줄이 쳐져 있으니 7조각 내 먹을 수 있는 셈이다. 폼페이에서 출토된 이 프레스코 속 빵의 생김새를 에르콜라노에서 발굴된 숯덩이 빵과 비교해 보자. 그대로 겹쳐진다. 로마인들의 주식 빵과 식습관의 풍습을 가감 없이 전해주는 유물이다. 로마에 독재정을 추구했던 카이사르에 이어 로마를 황제정으로 바꾼 옥타비아누스(기원전 63~기원후 14년)는 말년에 한 끼에 이런 빵 한 조각 먹고 버텼다고 한다. 다이어트라기보다 위장병이었다고 하는데, 그런 소식小食 덕분인지 당시로서는 장수해 우리나이 78살까지 살았다.

고대 로마 비키니와 비치발리볼 | 해운대와 경포대 비키니

지루한 장마가 끝나고 작열하는 태양빛이 바다를 그립게 만들면 문득 배리 매닐로우Barry Manilow가 떠오른다. 이름보다 더 감미로운 음색으로 70년대를 풍미했던 미국 팝가수. 어느새 70줄에 들어선 그가 35살이던 1978년 내놓은 곡 코파카바나Copacabana.

노랫말 속의 브라질 리우데자네이루 코파카바나 해변은 세계 각지에서 온 관광객으로 연중 붐빈다. 특히, 리우 카니발이 열리는 매년 2월이면 더욱 그렇다. 해변을 수놓는 원색의 수영복, 아니 비키니 물결. 건강함을 내뿜는 비키니 차림 여인들이 해변 모래사장에서 펼치는 비치 발리볼Beach Volleyball은 축제 못지않게 분위기를 후끈 달군다. 비키니 차림의 비치발리볼 풍경은 코파카바나 해변만의 전유물이 아니다. 혹시 고대사회 비키니차림과 비치발리볼 비슷한 경기가 있었다면 놀라운 일 아닌가? 피서철 해변을 장식하는 비키니의 기원을 찾아 나선다.

카르페 디엠(CARPE DIEM)의 현실중시 로마 풍속

베나리(VENARI)=사냥

라바리(LAVARI)=목욕

루데레(LUDERE)＝경기

리데레(RIDERE)＝쾌락

호끄 에스트 비베레(HOC EST VIVERE) ＝ 이것이 사는 것이다.

북아프리카 알제리에 남아있는 로마시대 도시 유적 팀가드Timgad의 건물 초석에 적혀 있던 말이다. 라틴어 단어들이 낯설지만, 언뜻 봐도 살아볼만한 인생임에 틀림없다. 사냥 다니고, 목욕으로 피로를 풀며 지인들과 교유하고, 검투경기나 전차경주 관람으로 스트레스를 날리고, 저녁이면 심포지움에서 포도주를 즐기며 쾌락에 탐닉하는 삶. 공화정 로마를 옹호했던 기원전 1세기 서정시인 호라티우스가 이런 삶에 멋진 시어를 붙여줬다. "카르페 디엠CARPE DIEM." '카르페CARPE'는 '잡다, 놓치지 않다(Catch, Seize)'. '디엠DIEM'은 '날Day'을 의미한다. 그러니까, '날을 잡아라',

다시 말하면, 미래를 위해 오늘을 저당 잡히지 말고 마음껏 즐기며 살라는 충고. 현실 지향적인 로마사회 가치관이 잘 묻어나는 표현이다. 영화『죽은 시인의 사회Dead Poet Society』에서 키팅 선생님 역을 맡은 로빈 윌리엄스. 그가 극중 학생들에게 던진 말로 우리에겐 잘 알려져 있다. 대학입시에 매달려 현재의 낭만을 포기하지 말라는 뜻으로… 비록 자신은 넉넉한 웃음으로 친숙하던 연기 인생을 2014년 자살로 마감하는 아이러니로 팬들의 가슴을 적셨지만…

시칠리아 카살레 빌라 모자이크 속 로마 풍경

로마인들의 '카르페 디엠' 풍속을 들여다 볼 수 있는 구체적인 유물은 없을까? 궁금증을 안고 지중해 아름다운 섬 시칠리아의 산속 피아짜 아르메리나Piazza Armerina 카살레 빌라Casale Villa로 발길을 옮겨보자. 1972년

카살레 빌라
이탈리아 시칠리아 피아짜 아르메리나.

나온 영화 『대부God father』 1편에서 미남배우 알파치노가 마피아 두목(말란 브란도)의 아들 마이클로 분해 적대파벌 두목을 죽이고 숨어들었던 시칠리아 산중. 주제음악과 함께 더욱 목가적인 풍경이 돋보이던 시칠리아 깊은 산속에서 알파치노가 사냥총을 들고 튀어나올 것 같은 바로 그 분위기의 '카살레 빌라'는 4세기 초 로마시대 지은 초대형 빌라(Villa, 대농장에 지은 거대 별장주택)다.

요즘 연립주택이나 저층 아파트를 빌라라고 흔히 부르는데. 로마시대 빌라는 그게 아니다. 라티푼디움Latifundium. 그러니까, 귀족이 갖고 있는 광대한 토지의 농장 속 저택을 가리킨다. 유럽 각지에 남아 있는 중세 영주들 성이나 미국 LA 서쪽 60㎞지점 말리부 해안의 호화 주택을 떠올리면 쉽다.

카살레 빌라의 바닥은 모자이크Mosaic(그리스 로마시대 바닥장식 예술)로 장식돼 있다. 모자이크는 2~3㎜ 크기의 대리석, 유리, 도자기 조각 테세라Tesserae를 촘촘하게 바닥에 붙여 만든 예술작품이다. 동시에 질척거림을 막는 방수 건축기법이기도 하다. 바닥에 설치된 덕분에 건물이 무너졌지만, 2천년 세월을 오롯이 천연색 이미지로 남아 당대의 풍속, 농경, 스포츠, 역사, 신화를 전해 준다. 카살레 빌라가 간직한 로마의 풍속화첩 가운데, 한 장면이 바로 이번에 소개하는 비키니 차림 비치발리볼 풍경 여인들이다.

스트로피움+수블리가쿨룸=로마 비키니

빌라 침실 바닥을 장식했던 모자이크 속 금발 로마 여인의 비키니 차림새를 자세히 들여다보자. 아래 입은 팬티는 '수블리가쿨룸Subligaculum'이라 부른다, 가슴에 차는 브라는 '스트로피움Strophium'이란 이름을 가졌다. 이 둘을 합쳐야 요즘 말하는 비키니다.

비치발리볼처럼 보이는 하르파스툼 경기를 즐기는 2명의 여성을 보자. 오른쪽 여성은 수블리가쿨룸의 옆 부분을 터서 각선미가 더 돋보인다. 왼쪽 여성으로 눈을 돌리자. 공을 받으려는 자세다. 입술에는 빨갛게 루즈도 발랐다. 매력을 한껏 드러내 보이려는 요즘 해변 여인과 다를 바 없다.

비치발리볼 여인 2명 말고 그 옆에 서 있는 별도의 비키니 차림 여인이 착용한 스트로피움은 푸른색이다. 로마여인들이 그만큼 패션에 신경을 썼다는 의미다. 스트로

푸른색 스트로피움을 입은 여성
이탈리아 시칠리아 피아짜 아르메리나.

카살레 빌라 비키니 방
이탈리아 시칠리아 피아짜 아르메리나.

카살레 빌라 스파이리스테리온 비키니 공놀이 여성
4세기 초. 이탈리아 시칠리아 피아짜 아르메리나.

피움은 여인들만 착용했지만, 수블리가쿨룸은 남녀 공용이다. 남자들도 입었다. 주로 검투사들이 원형경기장에서 피비린내 나는 경기를 펼칠 때 입은 간편한 삼각팬티가 수블리가쿨룸이다. 여기서 궁금해진다. 로마시대에는 없던 '비키니Bikini'란 이름은 언제 생겼을까?

핵폭탄 실험장소 비키니 환초에서 나온 이름

태평양 절해고도絶海孤島. 생명의 씨앗까지 태워버리는 원자폭탄의 실험장소가 비키니 환초環礁(Bikini Atoll)다. 북태평양 마샬 군도Marshall Islands 북쪽 북위 11도 지점 푸른 바다 위에 목만 살짝 내밀고 앉은 섬이다. 네바다 사막에서 핵실험을 하던 미국이 자국영토를 벗어나 이곳에서 원주민을 이주시킨 뒤 1946년부터 원자탄 실험을 시작했다. 지구상에서 미국만 2번 사용한 가공할 위력의 핵무기만큼이나 충격적이고 뜨거운 수영복이라 해서 '비키니Bikini'란 이름을 붙였다.

그렇다면 로마시대 비키니 복장은 언제 사라졌고, 언제 다시 등장해 이런 이름을 얻은 것일까? 비키니 수영복은 로마가 기독교 사회로 진입하면서 쇠퇴하고, 특히 서로마제국이 게르만 족에 멸망하면서 카르페 디엠의 문화와 함께 자취를 감춘다. 중세 천년과 이어진 근세를 거치며 여인들은 온몸을 칭칭 감은 옷만 입어야 했다. 그러다 20세기 들어 간헐적으로 선보이는데, 독재자 히틀러의 애인 에바 브라운이 1940년대 초반 찍은 사진을 보면 비키니 스타일의 옷을 입고 포즈를 취한 모습을 확인할 수 있다.

2차 세계 대전 이후 대중화, 초기에는 금지하기도

하지만, 초超 미니비키니로 출발은 2차 세계대전이 끝난 뒤 1946년이다. 프랑스에서 레아르L. Reard와 아임J. Heim이 디자인한 비키니를 입고 베르나르디니M. Bernardini라는 여인이 사진을 찍었다. 당시 5만통의 팬레터를 받았다고 하니, 요즘말로 '인기 짱'이었는데, 전체적으로는 부정적인 평가를 받았다. 특히 미국에서 그랬다. 1950년대 미국 수영복 업체 사장이던 콜F. Cole은 "키작은 갈리아 여인Diminutive Gallic women 옷"이라고 깎아내렸다. 라틴어로 프랑스를 갈리아라고 하니, 키작은 프랑스 여성들은 짧은 다리를 길게 보이려고 비키니를 입는다는 민족 차별, 여성차별적인 발언까지 서슴지 않았다.

1940년대 미국 여자 수영선수이자 인기 영화스타이던 제인 윌리엄스E. Jane Williams는 "비키니는 경솔한 짓"이라며 비키니로 몸매 드러내는 일에 손사래를 쳤다. 스페인이나 이탈리아처럼 가톨릭이 성한 나라에서는 아예 법으로 금지했다. 성의 상품화 논쟁을 빚는 미스 월드 선발대회에서도 1회 대회 비키니 심사를 야회복 심사로 바꿀 정도였다. 뽕나무 밭이 바다로 변하는 상전벽해桑田碧海.

브리지트 바르도와 007 영화가 비키니 기폭제

이때 용감하게 나선 여인은 브리지트 바르도Brigitte Bardot. 한국의 보신補身문화를 신랄하게 비판하기 전 1953년부터 칸느Cannes 영화제에 나와 비키니를 입었고, 1956년 영화 「그리고, 신은… 여자를 창조했다Et Dieu… Crea la Femme」에서 입은 뒤, 그녀가 살던 남프랑스 지중해안 상 트로뻬St. Tropez를 중심으로 퍼져 나갔다.

한명의 여배우가 더 등장하는데, 스위스 출신 우르술라 안드레스Ursula Andress. 1962년 영국 스코틀랜드 출신의 장신 배우 숀 코네리Sean Connery와 공연한 '007 본드 시리즈'의 제1편 『007 살인번호Dr. No』에서 본드 걸

Bond Girl(본드의 여성상대)로 나온 우르술라는 바닷물에 젖어 찰싹 달라붙은 흰색 비키니를 입었다. 이 아찔한(?) 장면을 훗날 영국 채널 4TV는 비키니가 나온 영화의 최고 장면이라고 치켜세우기도 했다. 이후 미국으로 옮겨 붙어 성문화의 상징 플레이보이Playboy 지誌가 1962년, 스포츠 일러스트레이티드SI 지誌가 1964년 비키니 사진을 실으면서 대중화된다.

로마시대 목욕탕 팔레스트라 스파이리스테리온 공놀이

비키니 변천사 뒤에 다시 궁금해진다. 로마여인들은 어디서 비키니 차림으로 운동을 즐겼는가? 해변인가? 목까지 차오른 호기심을 누르며 장소를 영국 서부지방의 로마시대 온천지대 바스Bath로 가보자. 영어로 목욕을 뜻하는 바스Bath란 단어의 기원이 되는 바스에 가면 로마시대 초

목욕탕 팔레스트라에서 비키니 차림으로 공놀이하는 여성들 모형
영국 바스 박물관.

대형 목욕탕 유적이 복원돼 있다. 대욕장 옆에 자리한 바스 박물관에 당시 목욕탕 풍경을 묘사한 모형을 전시중이다. 로마 여성들의 공놀이 장면이 보인다. 그렇다. 비키니 차림 로마 여인들 공놀이 장소는 해변이 아니다. 대형 공중목욕탕의 체력단련 운동장인 팔레스트라Palestra에 딸린 공놀이방 '스파이리스테리온Sphairisterion'에서 흔히 보던 풍경이다. 목욕탕의 공놀이 기원은 그리스다. 물론 그리스에서는 남자들 운동이었다. 결국, 오늘날 비키니 의상과 비치발리볼은 로마의 카르페 디엠 목욕문화가 남긴 풍속이다.

고구려 요강, 신라 수세식 화장실 | 호화 화장실로 국고 불린 로마

「아이다」를 비롯해 베르디 오페라가 초연되며 음악계를 전율시키던
라 스칼라 오페라 극장, 유럽 남부 최대 고딕양식 성당(두오모Duomo),
1958년 시작돼 세계 4대 패션쇼의 하나로 자리잡은 패션의 고장…

어디일까? 축구팬들을 열광시키는 AC밀란과 인터밀란의 도시, 르네

밀라노 대성당 두오모
밀라노 관광의 중심지다.

밀라노 갤러리아
대성당을 바라보고 왼쪽에 자리하는 쇼핑상가.
수많은 관광객이 몰린다.

밀라노 라 스칼라 극장
갤러리아를 지나면 바로 나온다.

밀라노 중앙역 유료화장실
1유로를 내야 들어간다.

상스의 천재 레오나르도 다빈치가 프랑스 지배 아래 공학과 해부학에 심취하던 이탈리아 경제중심지이자 롬바르디아의 주도 밀라노Milano다.

연중 전 세계 관광객으로 붐비는 밀라노 중앙 기차역. 볼일 급한 여행객이 화장실 찾기가 어렵다. 간신히 딱 한군데 발견해 들어가려면 이게 웬일. 출입구가 막혔다. 1유로를 내며 새삼 화장실 인심 하나는 으뜸인 금수강산에 미소 짓는다. 유럽, 특히 이탈리아의 화장실 문화가 이리 야박하게 된 역사적인 이유가 있을 것 같은데… 최근 경주에서 신라 수세식 화장실을 발굴해 관심을 모았다. 고대사회 화장실문화는 어땠을지 궁금증을 풀러 떠난다.

물로 처리한 로마시대 수세식 화장실

요즘 한국인들이 많이 찾는 지중해 유적지, 터키 서부연안 에페소스 Ephesos. 그리스로마부터 기독교까지 유적이 즐비하다. 도로, 도서관, 유흥업소, 일반 저택, 극장이 그대로 남아 로마의 생활문화상을 들여다보기 안성맞춤이다. 고대 로마로 돌아간 느낌을 주는 에페소스 유적지에서 낯선 동방의 탐방객에게 흥미로운 유적은 화장실이다. 위생문화라면 아무래도 로마 아닌가. 로마인들의 화장실 문화. 어떤 풍경이었을까?

백문이불여일견百聞而不如一見, 백번 듣는 것 보다 한번 보는 게 좋고, 백견이불여일행百見而不旅逸行. 백번 보는 것 보다 한번 실행에 옮겨 보는 것이 문화를 체험하는 더 좋은 방법이다. 에페소스 로마 화장실에 털썩 앉아보자. 우리는 예전에 무릎을 쪼그려 앉았지만, 여기는 엉덩이를 대고 앉는다. 긴 벤치처럼 생긴 표주박 모양변기 구멍이 다닥다닥 붙은 곳에 여러 명이 동시에 앉아 일을 본다. 대화도 나누면서… 칸막이도 없이 바로 옆에 말이다. 그 앞에서 뒤를 닦아야 하니… 발밑에 파둔 홈을 타고 흐르는 물이 해결책이다. 물의 용도는?

터키 에페소스 로마 화장실
표주박 모양 구멍 위에 앉아서 일을 본다.
요즘 수세식 화장실처럼 엉덩이를 대고 앉는다.

에페소스 화장실
대소변은 사진에서 보는 깊은 하수도로 떨어진다.
물이 흐르면서 쓸려 내려간다.

난방시설에 바닥모자이크까지 갖춘 호화 공중화장실

무대를 프랑스 남부 로마도시 비엔느Vienne로 옮겨 보자. 생 로망 앙 갈 Saint Romain en Gal 로마 유적지구 화장실을 찾으면 수세식 화장실의 면모가 더 분명하게 드러난다. 실제 물이 흐르도록 복원해 놨기 때문이다. 요즘 지구상에서 거의 공통적으로 사용하는 수세식 화장실 면모다. 작은 막대에 붙은 스펀지를 흐르는 물에 적셔 엉덩이를 닦아 낸다. 깨끗이 씻어서 다시 걸어둔다. 그러면 다음 사람이 그 막대 스펀지로 자신의 엉덩이를 닦는다.

지중해 한복판 시칠리아 피아짜 아르메리나Piazza Armerina 유적으로 발길을 옮겨 보자. 돌에 앉는다면 겨울철 추울 텐데, 그 대비책을 갖춘 화장실을 만난다. 화장실 바닥을 따듯하게 덥혔다. 난방 시설 갖춘 수세식 화장실. 그뿐만이 아니다. 장식 측면도 고려해 아름다운 모자이크를 바

프랑스 비엔느 로마 화장실
분수시설과 벽은 프레스코로 장식한 화려한 화장실이었다.

닥에 설치해 멋진 외관을 갖췄다. 호화 수세식 화장실이었던 셈이다.

수세식 화장실로 돈 번 로마황제와 그 후예 유럽국가들

이번에는 로마 문명의 살아있는 백과사전 폼페이Pompeii로 가보자. 골목을 가득 메우는 개인주택 도무스Domus마다 화장실이 설치됐을까? 그렇지 않다. 폼페이의 숱한 도무스 가운데 화장실을 갖춘 집은 없다. 로마시대 화장실은 공중화장실이었다. 대개는 목욕탕에 설치됐다. 귀족들이 교외에 소유한 대형 농장 라티푼디움 속 대형저택인 빌라Villa가 아니면 화장실을 개인적으로 설치하지 않았다. 폼페이에 남아 있는 화장실은 포럼 목욕탕 것이 전부다. 이렇게 화장실이 부족하다 보니 도로변이나 공터에서 몰래 실례하는 경우가 많았다.

이를 경계하는 문구가 적힌 프레스코 그림을 보러 나폴리 국립박물관으로 가보자. 탐방객을 기다리는 로마 그림에 라틴어 문구 두줄이 적혔다. 윗줄은 '카카토르Cacator(배변하는 자)' 아랫줄은 '카베 말룸Cave malum(오물 조심)'이다. 얼마전까지 우리네 주택가 골목 담벼락에서 보던 '소변금지'와 같은 맥락이다. 사람 사는 모습이 이리도 비슷하다. 폼페이에서 출토한 이 그림 속 여신과 어린이, 뱀은 낙서 이전에 그려진 별개의 내용이다.

보통사람이라면 하루에 한번은 가야하는 화장실. 공중화장실을 지어놓고 돈을 받은 황제가 있으니… 폭군 네로가 암살된 뒤, 3명의 군인 경쟁자를 물리치고 황제에 오른 군인 출신 첫 황제 베스파시아누스(재위 69~79년)다. 현대인이라면 베스파시아누스 황제는 몰라도 그가 지은 건축물은 다 안다. 로마 한복판에 2천년 가까이 우뚝 솟은 피와 살육의 원형경기장 콜로세움Coloseum이다. 네로 저택의 연못을 메워 폭군의 흔적을

카베말룸(CAVE MALUM, 오물조심) 글씨
폼페이 건물 벽에 있던 그림이다.
나폴리 국립박물관

베스파시아누스 황제
공중화장실에서 돈을 받아 국가재정을 두둑
하게 만들었다. 이탈리아는 물론 서유럽 유
료화장실 전통을 만든 인물이다.
대영박물관

지우고, 그 자리에 로마 시민들을 위한 최고의 유희시설을 세운 결과다.
검투 풍습에 대해서는 다음기회에 자세히 살펴본다. 베스파시아누스 황
제가 남긴 또 하나의 유산. 공중화장실에서 돈을 받아 국가 재정을 살찌
우는 정책 역시 현재까지 이탈리아뿐 아니라 유럽 국가들의 유료화장실
로 이어진다. 무료화장실에 익숙한 동방의 탐방객을 당황스럽게 만든다.

화장실 없는 5천명 도시 베르사이유 궁전

베르사이유Versailles 궁전으로 발길을 옮긴다. 지구촌 관광 중심지 프랑
스 파리 교외의 베르사이유는 태양왕Roi de Soleil을 선언하며 절대왕정을
이끈 루이Louis 14세가 미국 식민지 루이지애나Louisiana(루이왕의 땅이라는
뜻)에서 벌어들인 돈으로 지었다. 1682년 완공해 1789년 프랑스 대혁명
기간 파리 튈르리 궁전으로 귀환할 때까지 프랑스 왕은 이곳에서 통치했
다. 지붕면적만 11ha에 달하며 7백여 개의 방이 있던 호화궁전, 정원에

35㎞의 운하를 파고 길만 20㎞를 냈던 베르사이유에 왕만 산 게 아니다.

귀족은 물론 외국에서 온 사절까지 포함해 무려 5천여 명이 살았다. 놀라운 점은 이렇게 큰 도시규모 궁전에 화장실이 없다는 점이다. 요강 같은 이동식 변기를 사용한 것인데, 그게 제대로 처리됐을 리 만무하다. 이는 베르사이유에 앞서 프랑스 왕들이 심취해 건축했던 루아르 강변의 그림 같은 르네상스 양식 성들도 마찬가지다. 서양에서 향수가 발달한 이유를 곰곰 되짚어 보면 웃음이 절로 나온다. 이동식 변기라고 하니, 우리네 요강이 떠오른다. 고대 고구려나 신라, 백제에서 요강을 썼을까? 화장실 문화가 어땠을까?

만주 집안 박물관의 고구려 남성 전용 소변기

만주벌판으로 가보자. 요령성 환인桓仁 만주족 자치현. 말이 만주(여진)

베르사이유 궁전
프랑스 왕과 귀족, 외교사절 등 5천여 명이 거주하는 궁전 안에 화장실이 없다

프랑스 루아르 강변 샹보르 성
화장실이 없다.

방에 놓은 요강
샹보르성. 화장실 대신 요강을 사용했다.

족 자치현이지 그곳에서 만주족을 만날 생각은 접는 게 좋다. 1911년 청나라가 멸망한 뒤, 만주족은 한족에 완전 동화됐고, 만주어도 사라진지 오래다. 문서나 유물로만 전할 뿐이다. 환인에 오녀산성이 자리한다. 추모(주몽은 선비족 북위 표현)가 나라를 세웠다는 고구려 첫 도읍지, 홀본(졸본)산성으로 추정되는 곳이다. 험준한 산꼭대기에 자리한 오녀산성이 발굴돼 여러 건물지가 드러났지만, 화장실은 나오지 않았다. 그렇다고 아쉬워 할 것은 없다. 환인에서 멀지 않은 곳에 추모의 아들 고구려 2대 유리왕이 천도한 두 번째 수도 집안集安이 있으니 말이다. 압록강을 사이에 두고 강건너로 평안북도 만포시가 손에 잡힐 듯 가깝다.

집안에 그 유명한 장군총과 광개토대왕비, 태왕릉, 귀족 고분군은 물론 427년까지 도읍지이던 국내성과 전란시 대피성인 환도산성이 오롯이 남았다. 우리의 관심사, 화장실 유적은? 아직 발굴되지 않았지만, 관련 문화를 엿볼 수 있는 유물은 출토됐다. 그 유물이 시내 한복판 집안 박물관에서 기다린다. 중국 박물관이지만, 100% 고구려 유물로 가득 채워진 고구려 유물의 보고寶庫다.

1층 전시실에 고구려 요강이 2개나 전시돼 한민족 후예들 탐방을 반긴다. 하나는 환도산성 아래 산성하 묘구 365번 묘에서 출토한 요강이다. 중국어로 호자虎子라고 적혔다. 물론 생김새로 봐서 알 수 있듯 여성들은 사용할 수 없는 금녀禁女의 남성 소변기다. 또 하나는 보존상태가 더 좋은데 집안 교외 칠성산 묘구에서 출토했다. 역시 남성 소변기다. 한겨울 솜이 불푹 덮고 자며 발치에 두던 어린 시절 요강과 고구려 조상님들 사용하시던 요강이 겹쳐지면서 한동안 자리를 뜨기 어렵다.

고구려 요강
칠성산 묘구 출토. 집안박물관

집안 출토 고구려 요강
집안박물관

경주 동궁 신라 수세식 화장실…
익산 왕궁리 백제 화장실

전북 익산시 왕궁리 유적지로 이동한다. 백제시대 7세기 의자왕의 아버지 무왕(재위 600~641년)시기 대형 화장실 터가 눈에 들어온다. 2005년 발굴된 유구遺構(옛날 토목건축의 기초를 보여주는 시설)다. 한 두명이 아닌 여러 명이 동시에 사용할 수 있는 공중화장실이다. 물을 사용한 흔적이 있어서 더욱 주목을 끌었다. 왕이나 최상 지배계급이 활용한 시설일 터이니, 왕궁리가 백제의 정식 도읍지는 아니어도 행궁이나 별궁이었을 가능성을 높여주기 충분하다. 유적 전시관으로 들어가면 용변 보는 모습을 고스란히 복원해 탐방객의 눈길

백제 무왕시절 화장실 유구
7세기. 익산 왕궁리유적

백제 화장실 복원 모형
익산 왕궁리유적

을 끈다. 70년대까지 농촌지역에서 보던 익숙한 모습 그대로다.

2017년 9월 26일 흥미로운 기사가 언론 지면을 탔다. 문화재청 국립
경주문화재연구소가 사적 18호 경주 동궁과 월지(안압지)에서 8세기 수
세식 화장실을 발굴했다는 내용이다. 흙으로만 남은 익산 왕궁리와 달
리 화강암에 구멍을 파 만든 타원형 변기(지름 12~13㎝)와 발판(길이 175
㎝, 너비 60㎝), 그리고 오물과 물이 흐르는 하수 시설이 1천 3백여 년 만
에 햇빛을 봤다. 8세기 제작된 것으로 추정되는 불국사 해우소 시설과
닮은꼴이다. 쪼그려 앉기 방식은 로마와 다르다. 물은 바가지로 떠 직접
흘려보냈다. 방식의 차이를 떠나 위생을 추구하는 문화의 속성이 시공
을 초월해 잘 묻어난다.

흥선대원군의 경복궁 강제 노역 | 이집트 파라오 무덤 건축과 파업

"돌덩이 18만 7천600개, 벽돌 69만 5천개, 철물 55만9천근… 전체 경비 87만 3천520냥과 노임지급 기술자 1만 1천 820명."

정조의 명으로 김종수가 편찬한 『화성성역의궤』 내용이다. 공사 일정과 자재 등 화성 건설의 모든 것이 담겼다. 유네스코 세계문화유산 수원화성으로 가보자. 1794년 정월부터 1796년 9월까지 2년 8개월 짧은 기

수원화성
기술자들에게 제때 노임을 지급하며 공기를 단축시켰다.

간에 완공한 비결은 무엇일까? 70대 중반 영의정 채제공의 사심 없는 현장감독에다 정조가 백년에 한번 나올 재상감으로 칭송한 조선천재 정약용의 설계도『성설城說』, 그가 발명한 거중 기擧重機 공이 크다. 하지만, 이것 갖고는 2% 부족하다.『화성성역의궤』의 기록대로 임금노동자들이 제때 돈 받고, 일사천리로 공사를 진행한 결과였다.

지금 대한민국의 화두는 노동이다. 주52시간 노동을 실시했고, 최저임금을 시급 8천350원으로 올려 찬반논란도 거세다. 여기다 노동과 정치를 연결시켰던 진보정치 선구자 노회찬 신드롬까지. 인류 역사를 아로새기는 대형건축에서 노동과 그에 대한 보상풍습은 어땠는지, 둘의 부조화로 빚어진 파업의 기원도 살펴본다.

수원화성-정확한 노임지급, 경복궁-강제노동 자재 착취

수원화성 5.4㎞ 성벽 안에는 성문인 화서문, 창룡문과 그 옆의 초소 공심돈, 개울 위 화홍문과 정자 방화수류정, 지휘소인 서장대와 훈련장 연무대… 실용적 건축, 예술적 디자인, 어느 하나 흠잡을 데 없는 건축사의

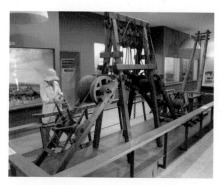

거중기 복원품
정약용이 중국서 들여온 '기기도설'을 참고해 만들었다.
남양주 실학박물관

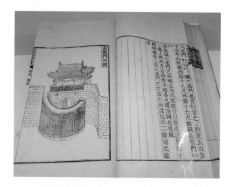

화성성역의궤 복제품
자재, 인건비, 건축방법등을 망라한 화성 건축 종합
보고서. 경기도박물관

경복궁
재건 당시 강제노역과 물자징발로 많은 원성을 샀다.

백미白眉다. 정조가 당쟁에 휘말려 죽은 아버지 사도세자 묘 영우원永祐園
을 양주 배봉산(현 서울시립대학교 자리)에서 1793년 화산(현 화성시 안녕동)
으로 옮겨 융릉隆陵이란 왕릉으로 격상시키며 그 옆에 조성한 신도시 화
성. 우리 역사에서 대형 공사는 화성처럼 임금노동자가 담당했을까?

　화성과 함께 조선후기를 대표하는 건축 경복궁 근정전으로 가보자.
1392년 많은 고려 충신들을 죽이고 들어선 조선은 흉흉해진 개성민심을
뒤로 하고 1395년 경복궁을 지어 한양으로 천도한다. 하지만, 200년 만
인 1592년 임진왜란 때, 선조가 도성을 버리고 탈출하자 성난 민중 손에
경복궁은 불타고 만다. 폐허만 남았던 경복궁을 1868년 흥선대원군이
왕권 강화 차원에서 재건했다. 취지는 정조의 화성과 비슷하지만 과정
은 달랐다. 비용조달을 위해 원납전願納錢이라는 반강제 기부금을 받고,
벼슬 팔이 매관매직도 모자라 당백전當百錢이라는 돈을 마구 찍어 경제를

무너트렸다. 1866년 화재로 자재가 불탄 뒤에는 사유지 목재를 강탈하고, 강제 부역賦役을 남발해 민심을 잃었다. 동양에서 대형공사는 이렇게 강제적이었을까?

기원전 3세기 중국 최대 건축 만리장성 강제노동, '맹강녀' 고사

중국 수도 북경北京 북쪽 교외 만리장성萬里長城 팔달령八達嶺 코스로 가보자. 차로 한 시간 거리다. 수도를 이민족 침략지역에 이리도 가깝게 건설하다니… 고개가 갸우뚱해진다. 한족의 원래 무대는 황하 유역 서안과 낙양, 은허. 즉 섬서성과 하남성이다. 북쪽 이민족이 기세를 올릴 때면 수도를 양자강 유역 남경南京으로 옮겼다. 북쪽 수도 북경北京이 중국 전체 수도가 된 것은 13세기 중국을 정복한 몽골 지배기다. 이제 의문이 풀린다. 기마민족이 중국을 접수했으니, 북쪽 변경지대라는 개념이 사

만리장성 팔달령 코스
맹강녀 고사에서 알 수 있듯이 강제노역을 통해 건축됐다.

라진 거다.

전 세계 탐방객들의 탄성을 자아내는 팔달령 코스 만리장성은 명나라 때 몽골을 몰아내고 재침을 막기 위해 15세기 대대적으로 보수한 결과물이다. 하지만 그 기원은 춘추전국시대 각국이 독자적으로 쌓은 성으로 거슬러 올라간다. 기원전 221년 전국 시대를 통일한 진나라 시황제가 장성을 하나로 연결할 때 대대적인 강제노역이 이뤄졌다. 맹강녀孟姜女 고사故事는 그때 얘기다. 맹孟은 본부인 소생이 아닌 큰 자식을 가리킨다. 강姜은 춘추전국시대 제齊나라 왕족과 귀족의 성씨, 여女는 딸자식이다.

그러니, 강姜씨 집안 서자庶子 가운데 큰딸이란 의미다. 맹강녀의 남편 범기량范杞梁이 만리장성 확충공사에 끌려가 3년간 소식이 끊겼다. 물어 물어 현장에 온 맹강녀가 구슬피 울자 성벽이 무너지며 이미 죽은 남편의 해골이 드러났다는 대목에서 강제노역과 열악한 처우의 편린이 읽힌다. 무거운 돌덩이를 나르며 고된 노동에 시달리다 명을 달리한 인부의 모습을 볼 수 있는 유물은 없을까?

기원전 8세기 신 앗시리아 제국 궁전 건축, 매 맞는 강제노동 조각 남겨

런던 대영박물관 1층 이집트 유물 전시실 안쪽으로 메소포타미아 유물전시실에 답이 기다린다. 국군 자이툰 부대가 파병됐던 이라크 모술 근처 티그리스강 상류 니네베Nineveh에서 가져온 궁전 부조浮彫를 보자. 니네베는 신 앗시리아 제국 세나케립(재위 기원전 705~기원전 681년)왕이 발전시킨 수도다. 세나케립은 당대 지구촌 최강대국 위상이 묻어나는 최고의 궁전을 세우면서 건설장면을 궁전 벽에 부조로 새겼다. 1849년 영국의 외교관이자 역사학자이던 레어드A. H. Layard는 땅속에 묻혔던 세나케립 궁전을 찾아낸 뒤, 벽에 새긴 부조를 뜯어 1842년 완공한 현재의

신 앗시리아 제국 세나케립 왕의
니네베 궁전 공사현장 부조
인부들이 힘겹게 돌을 나른다.
기원전 8세기. 대영박물관

신 앗시리아 제국 세나케립 왕의
니네베 궁전 공사현장 부조
감독관이 매를 들고 때리는 모습을 담았다.
기원전 8세기. 대영박물관

대영박물관으로 옮겼다.

길게 늘어선 부조를 찬찬히 살펴보자. 채석장에서 돌을 캐 나르는 고된 작업풍경에 눈길이 멈춘다. 감시 병사들의 매서운 눈초리 아래 강제노역에 종사하는 인부들의 힘겨운 노동이 잘 묻어난다. 대형 지렛대와 밧줄을 이용해 대형 라마수Lamassu(사람 얼굴에 날개달린 소나 사자의 몸집을 가진 메소포타미아 수호신) 조각을 나르는 대목에서는 인부에게 매질을 가하는 안쓰러운 장면도 보인다. 고대사회 대형 공사현장의 무너진 인권 실상이 생생히 전해진다. 그렇다면 고대 건축은 이렇게 강제노역과 매질의 혹독한 조건 아래 이뤄졌을까?

기원전 26세기 이집트 쿠푸 피라미드, 임금 노동자 10만명 20년 건축

고대 건축의 금자탑, 이집트 카이로 근교 기자Giza 쿠푸 피라미드로 가보자. 미국 대공황 시절 1931년 뉴욕에 102층 381m 높이 엠파이어스테이트 빌딩이 나올 때까지 지구상에서 가장 높고 큰 건축물 쿠푸 피라미드. 높이 145.6m 밑변 230m의 거대 무덤이다. 사각뿔의 4면은 정확하게 동서남북을 가리킨다. 경사각도는 51.3도로 가파르다. 2.5t~10t 짜리 화강암을 무려 230만 개나 쌓아 만들었다. 지금은 떨어져 나갔지만, 겉은 대리석 타일로 반짝였다. 기원전 2세기 헬레니즘 시대 그리스인들이 정한 7대 불가사의不可思議의 으뜸, 쿠푸 피라미드는 언제 만들어졌을까? 기원전 2570년 전후다. 단군할아버지가 나오시기 훨씬 전이다. 피라미드를 매 맞는 강제노역자들이 피땀으로 쌓았을까? 기원전 5세기 쿠푸 피라미드를 탐방한 그리스 역사학자 헤로도투스는 10만 명이 3개월씩 교대로 20년에 걸쳐 건축했다고 적는다. 노예나 전쟁포로의 강제노역이 아니다. 천문학에 과학기술을 총동원한 쿠푸의 기념비적 마그눔 오푸스 Magnum Opus는 임금노동의 산물이다.

쿠푸 피라미드가 만들어지고 800여년 흘러 기원전 1772년 경 메소포

쿠푸 피라미드
이집트 카이로 기자. 기원전 2570년경 10만명의 임금노동자를 20년간 동원해 건축했다.

타미아 유프라테스 강가 바빌론Babylon에서 함무라비 법전이 선포된다. 총 44줄 28구절의 282개 조항 가운데, 246개 조항이 해독됐다. 놀랍게도 50%는 계약과 건축에 관한 내용이다. 황소 한 마리를 끄는 노동자나 사람을 치료하는 의사의 임금 등을 다룬다. 인류 역사에서 노동과 그 대가를 정당하게 지불하는 관행은 역사시대 초기 풍습이었다. 이에 대한 증거를 더 찾아보자.

기원전 12세기 이집트 룩소르 '왕비의 계곡' 파라오 무덤공사 노무일지

이탈리아 북부 공업도시 토리노. 로마제국이 무너지고 중세이후 사보이 왕국의 수도로 번영했다. 1861년 통일 이탈리아 왕국이 수립됐을 때, 아직 교황청 관할 하에 있던 로마 대신 4년간 수도였을 만큼 이탈리아 중심도시다. 월드스타 호나우두가 레알 마드리드를 떠나 새 둥지를 튼 유벤투스 홈구장 도시라면 이해가 더 빠르다. 토리노 이집트 박물관 Museo Egizio은 1824년 사보이 왕국 외교관이자 고고학자 드로베티B. M. M Drovetti가 수집한 유물에다 이탈리아의 걸출한 이집트 고고학자 스키아

목수 이티가 일하는 장면 무덤벽화
1중간기 기원전 21-기원전 20세기.
토리노 이집트 박물관

파렐리E. Schiaparelli가 1903년 이후 발굴한 진귀한 유물을 다수 소장 중이다. 특히, 1822년 이집트 상형문자Hieroglyph를 해독한 프랑스의 샹뿔리옹J. F Champollion이 1824년 박물관 개관을 기념해 이곳을 찾아 많은 문서를 해독하며 유명세를 탔다.

눈길을 끄는 작은 돌조각 3개

이집트 신왕국 람세스 4세 무덤 공사 도면
기원전 12세기. 토리노 이집트 박물관

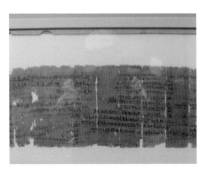

이집트 신왕국 람세스 10세 무덤 3년차
작업일지
기원전 11세기. 토리노 이집트 박물관

이집트 신왕국 람세스 9세 시기
무덤작업일지
기원전 11세기. 토리노 이집트 박물관

결근에 관한 무덤공사 노무일지
기원전 12세기. 토리노 이집트 박물관

를 보자. 이집트 19왕조 세티 2세(재위 기원전 1199~기원전 1193년)의 어린 아들 시프타(재위 기원전 1193~기원전 1187년)에 이어 왕비 토스레트(재위 기원전 1187~기원전 1185년)가 파라오로 있던 시기 유물이다. 스키아파렐리가 룩소르 왕비의 계곡Valley of the Queens에서 발굴한 이 석회암 조각은 신관문자Hieratic로 작업이 없는 날의 결근내용을 담았다. 작업과 휴무를 관리하던 「파라오 무덤 공사 노무일지」인 셈이다.

인류 역사 최초 파업은? 기원전 12세기 파라오 무덤 공사

노동 도구인 끌과 나무망치
이집트 신왕국. 기원전 14-기원전 11세기.
토리노 이집트 박물관

메소포타미아 우르 3왕조
건설 노동자 임금관련 기록
기원전 22세기. 루브르박물관

노무일지 석회암 조각 옆에는 더욱 놀라운 유물이 기다린다. 여성 파라오 토스레트를 내치고 이집트 20왕조를 연 세트나크테(재위 기원전 1185~기원전 1182년)의 아들 람세스 3세(재위 기원전 1182~기원전 1151년)시기 쓰인 파피루스다. 1824년 박물관 개장과 함께 지금까지 전시중인 이 파피루스 내용은 무엇일까? 놀랍게도 파업罷業(Strike)이야기다. 당시 왕실 서기 아멘나크트Amennakht가 신관문자로 기록한 내용을 보자. 왕들의 계곡Valley of the Kings 무덤 공사를 위해 고용된 노동자들이 노동의 대가로 약속된 식량이 제공되지 않자 작업 현장을 떠나 파업을 일으킨다.

현장 감독관들이 매를 들었을까? 아니다. 일터로 되돌려 보내려 무진 애를 쓰며 설득했다는 내용이 이어진다. 노동자들이 겁을 먹고 순순히 작업장으로 복귀했을까? 그렇지 않다. 노동자들 입장은 단호하다. 약속을 지켜 의약품과 물고기, 야채를 달라며 여러 날 동안 파업을 이어간다.

이집트인들은 파라오를 지상의 신 호루스Horus의 현신으로 여겼다. 법

이집트 20왕조 람세스 3세 무덤 공사 노동자 파업 파피루스
기원전 12세기. 토리노 이집트 박물관

률이 발달한 메소포타미아와 달리 이집트 파라오가 절대 권력을 휘둘렀던 배경이다. 영생을 믿던 그들은 즉위와 동시에 자신의 무덤공사에 들어갔다. 파라오 무덤공사는 가장 중요한 국책사업이다. 그런데도 노동자들은 약속된 보상이 이뤄지지 않을 경우 파업을 벌였다. 신정국가神政國家에서 신의 권위에 도전할 수 있었던 3천 200여 년 전 노동자들의 생존권 투쟁. 주52시간 근무, 8천350원 최저임금, 파업을 비롯한 노동3권의 범위를 놓고 갈등이 끊이지 않는 현실을 비춰보며 역사란 무엇인지 되묻는다.

4장
인문(학문, 예술)

플라톤의 아카데미아 | 아테네에 남아 있는 그리스 학교의 기원

한가운데 레오나르도 다빈치 차림의 대머리 플라톤과 제자 아리스
토텔레스를 중심으로 인문학의 태두 소크라테스, 무소유 철학의 창시
자 디오게네스, 만물의 근원을 불로 파악한 이오니아학파의 헤라클레
이토스, 기하학의 비조 유클리드 등 고대 그리스 학자 54명을 거대한
돔 천장 건물 안에 그린 상상화다.

교황 율리우스 2세의 서명의 방Stanza della Segnatura 벽면에 라파엘로가

아테네 학당
가운데 플라톤과 아리스토텔레스를 중심으로 54명의 학자가 등장한다.
라파엘로, 1510년 작. 바티칸 교황청 서명의 방

1509~1510년에 그린 「아테네 학당School of Athens」의 묘사다. 로마 시내 바티칸 교황청을 르네상스 미술의 성지라고 부르는 이유는 라파엘로의 그림 말고도 집념의 거장 미켈란젤로가 1508년부터 4년간 시스티나 예배당Cappella Sistina에 그린 「아담의 창조」, 1533년부터 8년간 그린 「최후의 심판」이 있기 때문이다. 탐방객을 무아지경으로 이끄는 대작 가운데 「아테네 학당School of Athens」으로 다시 돌아가 보자. 고대 그리스의 학교가 이렇게 화려한 모습이었을까? 개학과 입학의 계절 3월이면 학교는 학생들로 생기 넘치고 향학열로 불타오른다. 서양 학문의 근원, 고대 그리스의 학교 역사와 교육풍습을 배워보자.

폼페이 출토 나폴리 박물관 모자이크, '플라톤의 아카데미아'

무대를 세계 3대 미항의 하나라는 이탈리아 중부 나폴리로 옮겨보자. 베수비오 화산을 병풍으로 둘러친 나폴리 산타 루치아 항에서 20분 거리에 국립 나폴리 박물관이 자리한다. 18세기 나폴리 왕국의 궁전 건물을 개조한 웅장한 박물관 2층 모자이크 전시실의 유물 한 점이 눈길을 끈다. 르네상스 시기 라파엘로가 상상으로 그린 아테네 학당보다 좀 더 실체에 가까운 그리스 학교의 모습을 보여주는 「플라톤의 아카데미Plato's Academy(그리스어 아카데미아Akademia)」 모자이크다. 베수비오 화산재 아래 묻혔던 폼페이 시미니우스 스테파누스 주택House of Siminius Stephanus에서 출토한 기원전 1세기 초 헬레니즘 시대 유물이다.

가운데 오른쪽 어깨를 드러낸 히마티온 차림의 남자가 플라톤. 지시봉을 들고 앉았다. 주변으로 6명 제자들 모습이 보인다. 두루마리 책, 스크롤을 들고 있는 등 학구적인 분위기가 물씬 풍기지만, 노인대학도 아닌데 학생들 외모가 중썰하다. 오른쪽에 흰옷을 입고 선 남자는 수업내

플라톤의 아카데미
가운데 지시봉을 든 인물이 플라톤이다. 기원전 1세기 모자이크. 폼페이 출토. 나폴리 국립박물관

용이 마음에 들지 않는지 멀뚱한 표정을 짓는다. 저녁에 펼칠 질펀한 연회Symposion 생각에 빠져 있는지도 모른다. 요즘도 수업시간에 미팅 생각으로 머리를 꽉 채우는 학생들이 있지 않은가. 하긴 영어로 학교School의 어원은 그리스어 스콜레Skole인데, 원래 말뜻은 '공부'와 정반대인 '여가Leisure'에 가깝다. 학교 건물을 보자. 도리아 양식 기둥 3개가 비교적 화려한 모습이고, 맨 오른쪽 기둥 위에는 해시계가 얹혀 있는 점으로 미뤄

나름 품격을 갖춘 건물로 추정된다. 실제 플라톤의 아테네 학당, 즉 아카데미아를 볼 수는 없을까?

플라톤이 세운 그리스 최초의 학교, '아카데미아' 유적

발길을 그리스의 수도 아테네로 옮긴다. 택시를 타고 아테네 시에서 나눠주는 관광지도에 표시된 플라톤의 아카데미아를 손으로 가리키며 "아카데미아"를 말하면 기사가 요리조리 골목을 헤집고 데려다 준다. 아테네시 북서쪽이다. 나폴리 박물관에서 본 모자이크 속 도리아 양식 기둥을 가진 건물이 나타날까? 기대가 크면

플라톤 동상
로마 카피톨리니 박물관

아테네 아카데미아 터
철책으로 막혀 있다. 3m 아래로 일부 대리석 타일 등이 발굴돼 있다.

실망도 크다. 철책으로 막혀 들어갈 수 없다. 플라톤이 살던 시대보다 3m는 지반이 더 높아졌고, 철책 아래로 대리석 타일 잔해만 일부 발굴한 상태다. 철책을 잡고 아쉬움을 삭이며 잠시 플라톤이 왜 학교를 세웠는지 되새겨 본다.

플라톤은 기원전 399년 스승 소크라테스가 민중 배심원 재판에서 사형을 선고받자 민주정치 제도를 중우정치衆愚政治로 깎아내린다. 현명한 철학자가 다스리는 독재 철인정치哲人政治를 꿈꾸며 시칠리아로 가 독재자 디오니소스를 철인군주로 만들기 위해 애쓴다. 이게 될 일인가. 디오니소스에게 죽을 고비를 넘기고 제자의 도움으로 간신히 빠져나와 고향 아테네로 돌아온다. 모진 유세遊說 여정 끝에 고향으로 돌아온 공자처럼 정치를 잊고, 후진양성에 전념한다. 이 무렵 기원전 387년~기원전 385년 경 그가 세운 아카데미아가 그리스 역사 최초의 교육기관이다. 아카데미아는 무려 900년 넘게 존속됐지만, 529년 기독교화 된 동로마 제국의 유스티니아누스 황제가 이교도의 학문이라면서 폐쇄시켜 흙속에 묻히고 만다. 고등교육기관을 뜻하는 아카데미Academy라는 이름만 남긴 채…

아리스토텔레스가 가르친 학교, '리케이온' 유적

플라톤의 제자 아리스토텔레스가 가르치던 리케이온Lykeion으로 가 학교의 흔적을 더 살펴본다. 플라톤의 아카데미아와 달리 아테네 시 동부에 자리한 리케이온은 장소도 넓고, 건물과 체육관 터가 대부분 복원돼 학교의 윤곽을 가늠해보기 좋다. 리케이온은 원래 태양신이자 학문과 음악의 신 아폴로 리케이우스Apollo Lykeius(늑대신 아폴론)를 기리는 신전이다. 여기서 소크라테스, 프로타고라스, 이소크라테스 등이 토론이나 강

아테네 리케이온 터
아리스토텔레스가 후진을 양성 하던 곳. 바닥 시설이 잘 발굴돼 있다.

연을 펼쳤다. 그러다, 기원전 335년 아리스토텔레스가 매일 강연을 하면서 학교로 본격 활용된다.

이때는 알렉산더의 마케도니아가 아테네를 비롯한 그리스 폴리스(스파르타 제외)를 제압, 지배하던 시대였다. 아리스토텔레스는 마케도니아 스타게이라 출신이다. 마케도니아 왕 필리포스 2세가 아들 알렉산더의 교육을 맡겨, 아리스토텔레스는 알렉산더를 3년간 가르쳤다. 왕이 된 제자 알렉산더의 후광을 업고, 아테네 출신이 아님에도 리케이온에서 학교를 열수 있었던 것으로 보인다. 알렉산더가 기원전 323년 급사하자, 성난 아테네 시민들의 살해 위협을 피해 아리스토텔레스가 도주한 데서도 이런 추정이 가능하다. 아리스토텔레스가 떠난 뒤에도 리케이온은 운영됐지만, 기원전 86년 로마가 아테네를 정복할 때 로마의 독재자 술라가 잿더미로 만든다. 1세기 로도스 출신의 안드로니쿠스가 재건하지만, 267년 게르만의 일파 고트족 침략 때 완전 파괴된다. 오늘날 프랑스에서 고등학교를 가리키는 리세Lycée에 그 잔영을 남긴 채…

제논, 아고라 '스토아 포이킬레'에서 교육… 스토아 학파 탄생

리케이온에서 아테네의 심장부, 고대 아고라Agora로 간다. 소크라테스, 플라톤, 아리스토텔레스가 활동하며 거닐던 아테네의 중심지 아고라에 가면 북쪽 끝자락에 스토아 포이킬레Stoa Poikile 터가 나온다. 아리스토텔레스가 리케이온에서 교육을 시작하던 기원전 335년 키프로스 섬 키티온에서 태어난 제논은 아테네로 들어와 기원

아리스토텔레스
로마시대 모자이크. 독일 쾰른박물관

아테네 아고라
이곳 아고라에 제논이 강의하던 스토아 포이킬레가 있었다.

제논
스토아 학파의 창시자.
로마시대.
로마 카피톨리니 박물관

전 3세기 초 이곳 스토아 포이킬레에서 학당 간판을 내건다. 스토아는 지붕을 갖추고 한쪽은 벽, 다른 한쪽은 야외로 터진 복도를 가리킨다. 지중해 기후에서 여름에는 시원하고 겨울에는 비를 가려주니 공부하기 안성맞춤이다.

기원전 5세기 중반 세워진 스토아 포이킬레는 프레스코 그림과 각종 조각으로 장식됐고, 특히 당대 지중해 최강대국 아테네가 각지에서 약탈해온 전리품을 전시해 아테네 아고라에서 으뜸가는 건물로 꼽혔다. 발굴 결과 도리아식 기둥과 이오니아식 내부 장식이 출토돼, 라파엘로가 바티칸에 그린 아테네 학당의 화려함이 단순한 상상

복원된 아테네 아탈로스 스토아
지붕이 있고 한쪽은 야외로 연결된 기둥식 건물을 스토아라고 부른다.

이 아니었음을 보여준다.

물론 아카데미아나 리케이온이 전적으로 학교였다면, 제논이 가르친 스토아 포이킬레는 학교는 아니었다. 마뜩하게 학교터를 마련하기 어렵던 이방인 제논이 아테네의 화려한 공공장소에서 제자들을 가르친 것이다. 요즘으로 치면 광화문 세종문화회관 계단이나 서울시청 앞 서울광장에 연 시민학교라고 할까. 아무튼 헬레니즘 세계와 뒤이은 로마시대 가장 유행했던 학문, 금욕과 평정심의 스토아철학, 스토아학파Stoicism라는 이름은 제논이 가르치던 스토아 포이킬레에서 유래돼 오늘에 이른다.

아테네… 부유층은 가정교사, 평민은 거리학교

1970년 1월 이스라엘에게 점령지 철수를 요구한 며칠 뒤 우리나이 99살로 세상을 뜬 영국의 수학자겸 철학자 버트런드 러셀은 1945년『서양

탈레스
그리스학문 이오니아학파의 창시자. 터키 서부연안 이오니아 지방 밀레토스에 살며 일식을 예측해 서양 학문의 아버지로 불린다. 로마시대 모자이크. 레바논 베이루트 박물관

밀레토스 아고라

철학사 A History of Western Philosophy』에서 "서양철학은 탈레스에서 시작된다 Western philosophy begins with Thales"고 적는다. 오늘날 터키 서부해안 이오니아 지방의 그리스 도시 밀레토스에 살던 페니키아 태생의 그리스인 탈레스는 기원전 585년 5월 28일 일식日蝕을 예측한다. 자연현상을 신의 노여움이나 기쁨의 감정 표현이 아닌 과학으로 처음 접근한 탈레스와 그 제자들, 아낙시만드로스, 아낙시메네스, 헤라클레이토스 등을 합쳐 그리스 최초의 학문 그룹, 이오니아 학파라고 부른다. 이후 학문의 중심이 그리스 본토 아테네로 옮겨지면서 소크라테스를 비롯해 여러 학자들이 인

코린토스 아고라
언덕 위는 아크로폴리스 아폴론 신전. 디오게네스는 이곳 아고라에서 제자들을 가르치며 노숙했다.
알렉산더가 찾아와 만난 곳이기도 하다.

팔레스트라
그리스 젊은이들은 신체단련을 가장 우선시했다. 소크라테스는 야외 운동장 팔레스트라를 찾아 젊은
이들을 가르쳤다. 폼페이 팔레스트라.

문학으로 주제를 바꿔 이름을 떨쳤다.

이오니아에서부터 아테네까지 많은 학자들이 제자들을 가르쳤지만, 학교는 없었다. 파이데이아Paideia라고 불렀던 교육(혹은 교육이념)은 학교 없이 선생님만 있었던 셈이다. 학교의 효시는 플라톤의 아카데미아다. 아테네에서는 대개 7살이 지나면 부유층은 개인교사를 들였고, 그렇지 못한 경우 선생님의 집 같은 사적 공간이나 아고라의 광장, 심지어 거리 등에서 배웠다. 학교라는 물리적 공간이 없이도 배움의 열기는 뜨거웠던 것이다. 그리스문자와 문법, 수학, 키타라 연주와 시문학, 무엇보다 야외 운동장 팔레스트라, 나체 체육관 김나지온에서 체육교육이 강조됐다. 지덕체를 갖춘 시민 '칼로스카가토스Kaloskagatos'를 길러낸 거다.

스파르타, 국립학교 '아고게' 군사 교육… 다른 나라 지도층 유학신청

스파르타는 달랐다. 국가에서 공교육을 실시했다. 아고게Agoge라고 부르는 학교와 교육시스템은 강한 체력단련과 군사교육을 주요 목표로 삼았으니, 요즘으로 치면 사관학교라고 할 수 있겠다. 전설속의 스파르타 최고 입법자인 리쿠르고스가 도입했다는 이 학교는 7살 남자아이들이 들어가 21살까지 엄한 규율 아래 배고픔과 혹독한 훈련을 견디며 심지어 도둑질까지 교육받았다. 영화 「300」에 나오는 스파르타 왕 레오니다스와 일당백의 전사들은 그렇게 길러졌다. 알렉산더도 굴복시키지 못했던 스파르타의 최강 육군을 만든 토대는 아고게였다.

아고게에서 체력단련만 시킨 게 아니다. 그리스인의 기본이 되는 그리스문자, 춤, 시문학, 사교 등의 교육도 시켜 전사이자 품격 있는 엘리트로 키웠다. 따라서 아고게는 그리스 문명권 도시국가들 지배계급에서 큰 인기를 모았다. 스파르타 아고게에 유학보내기 위한 도시국가 지배계급 인사들의 경쟁이 치열했다. 스파르타가 선별적으로 명예대사나 명예시민 형식으로 유학생을 받았기 때문이다. 요즘 미국이나 유럽 선진국 유명 대학 유학 가는 것과 비슷한 맥락이다. 마케도니아의 알렉산더가 페르시아 제국을 무너트리면서 시작된 헬레니즘 시대(기원전 331~기원전 30년) 그리스에서, 중동, 이집트를 지배한 마케도니아 출신 왕조들은 앞 다퉈 학문 분야에 투자했다. 헬레니즘 시대 크게 발전한 학문과 학교 교육은 다음 기회에 살펴본다.

고선지 장군의 탈라스강 전투 | 르네상스 원동력 만든 종이 전파

2017년 7월 한여름. 천산산맥 정상은 밤에 기온이 8도로 떨어져 겨울 추위다. 키르기스스탄의 수도 비슈케크에서 차를 타고 천산산맥을 넘어 7시간 반을 정신없이 달려 도착한 곳. 끝없는 초원을 지나 카자흐스탄 국경 포크로브카Pokrovka마을이 드넓게 펼쳐진다. 확 트인 평원 한가운데를 가로지르는 물줄기 이름은 탈라스Talas강.

천산산맥
7월에도 정상부에 눈이 남았다. 카자흐스탄.

천산산맥 고봉
탈라스 가는길. 키르기스스탄

천산산맥 터널
산맥 정상 터널이 천산산맥 남과 북쪽 지방을 이어준다. 키르기스스탄

천산산맥 남쪽 면 도로 타이어 펑크 사고
도로에 돌들이 많아 사고 위험성이 높다.
키르기스스탄

중국 사서에 나오는 달라사怛羅斯. 역사 시간에 배우던 탈라스강 전투Battle of Talas의 탈라스강이다. 천산산맥의 만년설이 녹으면서 키르기스스탄에서 발원해 카자흐스탄으로 흘러든다. 백로白露를 이틀 앞두고 독서의 계절 가을을 맞아 책과 동서 문명발전의 주역, 종이의 탄생과 전파 과정을 따라가 본다. 종이 문화사 한가운데 놀랍게도 우리 선조 한분이 그 이름을 아로새긴다.

탈라스강 전투, 고선지의 당나라군과 이슬람군 대충돌

751년 7월 한여름. 탈라스강에서 당나라의 대군(1만명에서 10만명까지 다양한 설)이 역시 비슷한 숫자의 이슬람군(최대 20만설까지 다양)군과 맞붙었다. 당나라 총사령관은 실크로드 도시 쿠차에 거점을 둔 당나라 안서

탈라스강
키르기스스탄

도호부의 책임자인 안서절도사 고선지 장군, 고구려 멸망 뒤 당나라로 이주한 고구려 출신이다. 이슬람 측은 압바스 왕조(750~1258년)의 호라산 Khorasan 총독 지야드 이븐 살리흐.

호라산은 아무다리아강(우즈베키스탄과 아프가니스탄 국경) 이남 지역을 가리킨다. 오늘날로 치면 아프가니스탄을 중심으로 이란 동부와 파키스탄 북부다. 당나라의 동맹군은 돌궐(투르크)일파인 카를루크Karluk족. 이슬람의 동맹군은 소그드인(사마르칸드 중심)과 당나라의 숙적 티벳(토번)이다.

전쟁의 단초는 이렇다. 8세기 당나라는 실크로드를 열었던 기원전 2세기말 한나라 무제 때보다 범위를 넓혀 중앙아시아 곳곳에 군대를 보냈다. 당나라의 세력확대와 강압적 지배에 불만을 품은 소그드(사마르칸드 중심)가 이슬람 호라산 총독에 도움을 요청하며 동서 양대 제국의 전쟁으로 번진다. 팽팽하던 전세는 카를루크 용병세력이 당에 등을 돌리면서 이슬람의 압승으로 마무리된다. 승리만 일구던 고선지 장군은 간신히 쿠차로 탈출해 전열을 정비하며 재기를 노린다. 하지만, 755년 당나라에서 '안사의 난(안록산과 사사명의 난, 안록산은 한족이 아닌 소그드인)'이 일어나 수도 장안이 위협받자, 양귀비와 세월을 희롱하던 당 현종은 전군을 중앙아시아에서 불러들인다. 이후 이 중앙아시아는 이슬람 문명권에 들어가 오늘에 이른다.

카자흐스탄에서 키르기스스탄으로 정정된 탈라스 전투 현장

문명사적 의미를 갖는 전투 현장을 러시아의 동양학자 바르톨트는 1905년 카자흐스탄 잠불Zhambul로 지목했다. 하지만, 실크로드 문명사의 대가인 북한 출신 전향 역사학자 정수일은 면밀한 고증을 거쳐 위치

포크로브카 마을 평원
고선지 장군의 당나라군이 이슬람 세력과 맞섰던 탈라스강 전투 현장으로 알려졌다. 키르기스스탄

를 바로잡는다. 잠불에서 남쪽으로 키르기스스탄 국경을 넘어 8km정도 떨어진 포크로브카 마을 평원이다. 동서문명의 흐름을 바꾼 대전투현장 이라고는 믿기지 않을 만큼 한적한 평원 한복판에 서면 기마문화 중심에 섰던 고구려 왕족의 후손 고선지 장군의 족적이 되살아난다. 소그드는 물론 힌두쿠시 산맥과 파미르고원을 넘어 파키스탄까지 원정하며 뛰어 난 전략으로 중앙아시아를 호령하던 고선지장군의 말발굽 소리가 들려 오는 듯하다. 훗날 '안사의 난' 과정에 억울하게 참수당한 비극적 종말의 아쉬움 뒤로 인류문화사에 큰 전환점을 마련한 그의 족적이 겹쳐진다. 제지술製紙術 전파.

문명의 용광로 사마르칸드에 757년 제지공장

탈라스강 전투의 빌미를 제공한 소그드의 중심지 사마르칸드로 가보 자. 유럽과 아시아를 오간 이란계 기마민족 스키타이Scythia의 일파가 현 지화한 사카Saka족이 소그드라는 이름의 국가를 세웠고, 아케메네스 페 르시아 제국의 영향 아래 있다가 기원전 328년 알렉산더의 침입을 받는 다. 최강의 마케도니아 기병을 중심으로 한 그리스 연합군에 끝까지 저 항할 만큼 강력한 세를 과시하던 소그드. 알렉산더는 유화정책을 썼고

결국 소그드 공주 록사나를 얻어 결혼하면서 이 지역에 그리스 문화를 심는다.

한 무제 이후 실크로드의 중심도시로 번영하면서 7세기에는 투르크족의 중심무대가 됐고, 645년경 고구려 연개소문의 사절단이 투르크와 대당 연합전선구축을 위해 찾은 곳이기도 하다. 탈라스강 전투의 당나라 포로들이 끌려오던 당시 사마르칸드는 목욕탕이 100개나 있을 만큼 번영을 누렸다. 사마르칸드인들은 중국종이의 우수성과 희소가치를 간파했고, 포로가운데 제기술자들을 활용해 757년 중국을 벗어나 처음으로 제지공장을 세웠다. 중국수입에서 벗어난 '사마르칸드지紙'는 각지로 수출돼 호평을 받았다.

바그다드 제지공장… 중세 이슬람 학문발전, 인류문화에 큰 기여

탈라스 전투 이후 이슬람화된 사마르칸드의 제지술은 이슬람 압바스 왕조의 수도이던 바그다드로 옮겨갔다. 바그다드의 압바스 왕조 칼리프 하룬 알 라시드는 795년 바그다드에 제지공장을 세운다. 그리스 로마의 학문을 버린 게르만족의 중세 서유럽 기독교사회와 달리 이슬람은 비잔틴 제국 영토를 점령하면서 접한 그리스 로마의 학문적 성과를 고스란히 받아들여 인류문명의 격을 높인다. 압바스 왕조 2대 칼리프 만수르를 비롯해 바그다드에 제지공장을 세운 하룬 알 라시드가 그랬다. 특히 압바스 왕조 7대 칼리프 알 마문은 '지혜의 집'이라 불리는 '바이트 알 히크마 Bayt al Hikmah'를 세워 그리스 고전을 아랍어로 번역시켰다. 두꺼운 양피지에서 벗어나 가볍고 다루기 쉬운 종이가 큰 역할을 했음은 불문가지다.

유클리드, 아르키메데스, 히포크라테스는 물론 인도의 수학과 과학도 종이를 매개로 여기서 아랍어로 다시 태어났다. 알칼리Alkali, 알코올

울르그백 천문대 잔해
사마르칸드인은 탈라스강 전투에서 잡힌 포로 가운데 제지기술자를 동원해 757년 중국을 벗어난 첫 제지공장을 차렸다. 제지술을 바탕으로 문화를 발전시켜 15세기 초 지구촌 최대규모, 최고수준으로 세운 천문대다

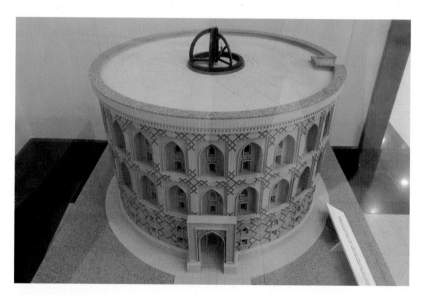

울르그백 천문대 모형

카이로 구시가지
사마르칸드의 제지술은 이슬람 압바스왕조 수도 바그다드, 시리아 다마스커스를 거쳐 10세기 이집트 카이로에 전파된다. 카이로 이슬람 대학은 중세 학문의 중심지였다.

Alcohol, 알지브러Algebra代數, 알케미Alchemy(연금술)… 모두 중세 이슬람 기원 과학 용어들이다. 중국 국경에서 터키까지 지배했던 티무르제국의 수도 사마르칸드에 15세기 초 티무르의 조카 울르그벡이 건설한 당대 지구상 최대, 최고수준의 울르그벡 천문대 역시 이슬람문명과 종이의 위상을 잘 보여준다. 서구 사회가 르네상스 이후 고대 그리스 로마의 학문을 되살릴 수 있던 계기는 아랍어로 보존된 그리스학문을 라틴어로 옮기면서 부터다. 종이와 이슬람 문명이 인류사에 남긴 선물이다.

북아프리카, 스페인 거쳐 이탈리아 르네상스 낳아

제지술은 바그다드에서 서아시아 이슬람의 또 다른 중심지 다마스커스(오늘날 시리아 수도)를 거쳐 이집트 카이로에 900년 경 제지공장 설립으로 이어진다. 파티마 왕조 시절 카이로판 지혜의 집 '다르 알 히크마Dar al Hikmah'의 학문 융성을 낳았던 이집트 제지술은 당시 이슬람권으로 통일된 북아프리카 전역으로 퍼져 튀니지의 케루안과 모로코의 페스를 거쳐 마침내 1150년 지브롤터 해협 건너 스페인 남부 안달루시아 지방으로 간다. 당시 스페인 국토의 대부분을 이슬람세력이 장악하고 있었다. 알함브라 궁전의 그라나다에서 지중해안을 타고 바르셀로나 방면으로 중간 지점인 안달루시아

시리아 다마스커스
압바스 왕조의 수도 바그다드에서 10세기 제지술을 전수받는다. 다마스커스는 압바스왕조 전임 움마야 왕조의 수도로 중세 번영하던 문화의 도시였다.

하티바Xativa에 전파된 이슬람교도의 제지술은 마침내 기독교 사회인 서

피렌체공화국 청사 시뇨리아 광장
북아프리카를 가로질러 모로코를 거친뒤, 이베리아 반도를 지나 13세기 이탈리아로 전파된 제지술은 르네상스의 모태가 된다.

유럽 이탈리아로 넘어간다.

이탈리아 시칠리아는 일찍부터 이슬람 세력이 지배하고 있어 종이가 사용됐지만, 당시 십자군 전쟁으로 이슬람과 대결하던 이탈리아의 비 이슬람교도 지역은 종이를 이슬람과 동일시해 사용금지령을 내리는 웃지 못 할 조치도 취했다. 그러나, 양피지는 물론 부서지기 쉬운 파피루스에 비할 수 없는 장점을 지닌 종이의 수요를 막을 수는 없었다. 1276년 이탈리아 파브리아노, 몬테파노에 이어 1295년 볼로냐에 제지공장이 생겨난다. 이후 이탈리아 제지술은 피렌체에서 단테(1265~1321년)를 비롯한 페트라르카(1304~1374년), 보카치오(1313~1375년) 3인방의 문예 르네상스 Renaissance 밑거름이 된다.

독일 금속인쇄혁명, 영국 셰익스피어 문학 연결

제지술은 북쪽으로 올라간다. 이탈리아에서 종이를 수입해 쓰던 독일이 1320년 경 마인츠와 쾰른, 1336년 뉘른베르그에 종이공장을 세운다. 이렇게 넉넉해진 종이를 기반으로 마인츠에서 1백여 년 뒤 1450년경 구

구텐베르크 금속인쇄 성경
14세기 독일로 전파된 제지술은 서양 금속인쇄술을 낳는다. 독일 마인츠 구텐베르크 박물관

셰익스피어 생가
스트래포드 오픈. 15세기 영국에 전파된 제지술은 16세기 셰익스피어 소설이라는 영국문학 황금기를 연다.

텐베르크가 금속인쇄술이라는 정보혁명의 뇌관을 터트린다. 제지술은 프랑스에서 1348년 트루아 지방에 첫 제지공장 설립으로 연결된다(프랑스에서는 1189년 제지공장이 처음 문을 열었다는 설도 있음). 이어 바다 건너 영국으로 넘어가 1498년 하트포드서에 제지공장 설립의 결실을 본다. 16세기 셰익스피어(1564~1616년)의 위대한 탄생과 작품들은 이렇게 등장한 종이라는 기반 위에 움을 틔웠다.

중국 제지술은 한나라 시대 기원전 2세기 말-기원전 1세기 초 완성

채륜 초상화
서안 섬서성박물관

이렇게 인류문명사에 큰 족적을 남기는 종이는 중국에서 언제 발명됐을까? 얇게 썬 나무나 대나무 개비, 즉 목간木簡, 죽간竹簡에서 벗어나 종이가 처음 선보인 것은 현재 남은 공식기록으로는 2세기 초다. 『후한서後漢書』에 채륜蔡倫이 창포, 마, 나무껍질을 재료로 종이를 만들어 황제인 화제和帝에게 바쳤다는 기록이 나온다. 105년이다. 정말 그럴까? 장

한나라 종이
둔황 출토. 난주 감숙성박물관

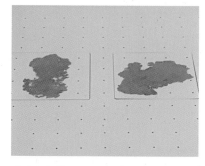

한나라 종이
서안 출토. 서안 섬서성박물관

소를 중국 문명의 젖줄 황하 상류의 중심 도시이자 실크로드 선상에 있는 중국 감숙성甘肅省의 성도 난주蘭州로 옮겨보자. 난주 시내 감숙성 박물관에는 서한西漢(기원전 206~기원후 8년) 시대 종이와 먹이 전시돼 있다. 둔황에서 발굴된 이 종이 말고도 몇 군데 발굴을 통해 기원전 2세기 말에서 기원전 1세기 제지술이 발명됐고, 채륜은 이를 개량했을 것이라는 게 정설이다.

한나라 붓
난주 감숙성박물관

한민족 제지기술은 언제? 4~5세기 정착됐을 것으로

우리민족 문화 속으로 제지술이 전파된 것은 언제일까? 720년 쓰여져 일본에서 가장 오래된 역사책인 『일본서기日本書紀』나 『속일본기續日本紀』에 백제 아신왕 시기 4세기말이나 5세기초 왕인王仁이 일본에 천자문등을 전달한 내용으로 볼 때 이미 백제에 제지술이 소개됐을 것으로 보인다. 또 『일본서기日本書紀』에는 625년 고

한나라 먹
서한(기원전 2세기-기원전 1세기).
난주 감숙성박물관

구려의 담징이 일본에 묵과 종이 만드는 법을 전한 것으로 나온다. 그러니까, 그 이전에 고구려에 제지술이 보급돼 있었음이 분명하다.

우리 종이는 고려 이후 중국에 공물 품목에 들어갈 만큼 우수했고 이런 제지문화를 바탕으로 고려 후기인 1377년 청주 흥덕사에서 『직지直

종이 전파도
오늘날 세계사 주역 미국으로 종이가 전파된 것은 17세기. 우리나라에 문명의 척도 제지술이 전파된
것은 4-5세기다. 서안 섬서성박물관

旨』인쇄로 세계 최초의 금속활자 발명이라는 과학적 성과를 낸다. 정약
용이 41살부터 59살까지 18년 유배라는 시련 속에서도 500권의 한문책
을 써 후세 사학자들로부터 "한자 문화권내 가장 많은 저술을 한 학자"
라는 찬사를 얻게 된 것도 우수한 제지문화가 뒷받침된 덕분이다. 등화
가친燈火可親의 계절, 종이와 책에 얽힌 문화사를 돌아보며 책갈피에 손
을 얹는다.

'눈에는 눈' 함무라비 법전 | '농민의 소 압류금지' 속 애민정신

부산했던 세기말을 막 넘긴 1901년. 이란의 역사 고도 수사Susa. 33살 신에 고고학자가 땀을 흘리며 유적지를 파헤치고 있었다. 스위스에서 태어난 프랑스 이집트 학자 귀스타브 제퀴에Gustave Jéquier. 페르시아 유물 발굴 독점권을 얻으려 애쓰던 프랑스 정부와 교섭해 꾸려진 프랑스 고고학자 자크 드 모르강의 수사 발굴팀 소속이던 제퀴에는 성채Citadel로 불리던 언덕에서 검은색 비석을 발굴해 낸다.

함무라비 법전이 발굴된 장소
이란 수사유적지

함무라비 법전Code of Hammurabi 발굴 얘기다. 수사는 기원전 6세기 고대 페르시아 제국 의 여름궁전이 자리하던 곳이자 33살의 알렉산더가 기원전 324년 그리스 장군들과 페르시아 귀족 여성들간 합동결혼식을 치렀던 곳이기도 하다.

7월 17일은 제헌절이다. 1948년 5월 10일 총선거로 구성된 제헌의회가 7월 12일 헌법을 제정해 17일 반포했으니 2018년은 70주년째다. 17일은 이성계가 고려왕으로 등극(실질적 조선 개국)한 1392년 음력 7월 17일(양력 8월 5일)에서 따왔다는 설이 유력하다. 제헌절을 맞아 제퀴에가 수사에서 찾아낸 함무라비 법전을 통해 고대의 법 풍속과 법의 정신을 짚어 본다.

함무라비 왕이 태양신 샤마쉬에게 법전 받아

38만여 점의 유물을 간직하고 있는 프랑스 파리 루브르박물관의 지하 전시실 왼쪽으로 가면 리슐리외Richelieu관이 나온다. 메소포타미아 발굴 유물을 전시중인 이곳에 높이 225㎝의 검은색 섬록암 비석, 학창시절 역사 시간에 되뇌던 함무라비 법전이 탐방객을 기다린다. 꼭대기에 2명의 인물조각이 보인다. 왼쪽에 메소포타미아 왕들의 둥근 모자를 쓰고 서 있는 인물이 함무라비 왕. 오른쪽 옥좌에 앉아 신을 상징하는 고깔 모자를 쓴 인물은 바빌로니아의 태양신 샤마쉬Shamash(수메르의 우투). 함무라비 왕은 왼손을 허리에 가지런히 대고 오른손을 가슴으로 공손히 들어 경배의 예를 올린다. 샤마쉬는 오른손에 권위를 상징하는 홀Hole을 쥐었다. 함무라비 왕이 신성한 법전과 정의실현의 의무를 부여받고 있음을 상징한다.

뜻밖에 함무라비 법전이라고 적힌 점토판이 옆에 자리한다. 이 무슨

함무라비 법전
함무라비 법전 상단부에는 함무라비 왕(왼쪽)과 태양신 샤마쉬가 새겨져있다. 루브르박물관

일인가. 함무라비 법전은 당시 점토판으로도 제작됐다. 섬록암 함무라비 법전은 수도 바빌론에 세운 전시용 기념비다. 마치 로마가 기원전 451년 12표법十二表法(Lex XII Tabularum)을 제정한 뒤 동판에 새겨 로마 포럼의 신전 앞에 로마 공화정의 상징으로 설치했던 예와 같다. 제국 각지로 보내 바빌로니아 총독들이 지키도록 한 실제 법전은 점토판으로 만들었다.

점토판 함무라비 법전 서문
루브르박물관

'눈에는 눈' 동해보복형… 메소포타미아 법치전통

함무라비 법전 복제품
이란 테헤란 국립박물관

"만약 누군가 남의 눈을 상하게 하면 그의 눈을 상하게 한다", 함무라비 법전의 상징처럼 알려진 조항이다. 196조. '눈에는 눈'으로 알려진 복수법復讐法의 동해보복형同害報復刑(탈리오법칙)을 보여준다. 악법처럼 비쳐지는 함무라비 법전이 만들어진 것은 바빌로니아 왕국 6대 왕 함무라비(재위 기원전 1790~기원전 1750년) 치세다. 메소포타미아 일대를 통일한 뒤인 기원전 1772년 경으로 추정된다. 반고의 『한서漢書』「지리지地理誌」에 은나라의 기자箕子가 조선으로 와 만들었다는 기원전 10세기경 고조선의 「8조법금法禁」보다 8백여 년 앞선다.

함무라비 법전의 의미는 법전 내용 대부분이 남아 있는 가장 완벽한 보존상태의 가장 오래된 법전이란 점이다. 메소포타미아에는 이보다 앞서 3개의 법전이 만들어졌다. 기원전 2050년 경 수메르 우르 3왕조의 우르남무왕 법전Code of Ur-Nammu이 지금까지 알려진 최초의 성문법이다. 그 뒤로도 에쉬누나 법전Laws of Eshnunna(기원전 1930년), 리피트-이슈타르 법전Codex of Lipit-Ishtar(기원전 1870년)이 등장한다. 메소포타미아의 이런 법치 전통을 이어 함무라비 법전이 탄생한 것이다. 함무라비 법전이 바빌로니아 제국의 법전인데 왜 수도 바빌론(이라크 영토)이 아니라 수사(이란 영토)에서 발굴됐을까? 기원전 11세기 수사에 수도를 둔 엘람 왕국의 슈트룩 나훈테 왕이 바빌론에 침략해 전리품으로 약탈해간 때문이다. 오늘날 이란의 수도 테헤란 국립박물관에 가면 수사에서 발굴된 것을 기넘해 복제품을 세워 놨다.

판독된 246개 조항 가운데 32개 13%가 사형조항

보존상태가 가장 완벽한 함무라비 법전이 끔찍한 조항으로만 가득한 악법인가? 루브르박물관 섬록암 법전에는 총 44줄 28구절에 282개 법 조항이 새겨졌다. 이중 36개 조항은 마모돼 알 수 없고 246개 조항이 판독됐다. 이 가운데 32개 13%가 사형조항이다. 그러니, 일견 잔인한 법전으로 비쳐질 만하다.

우경
이집트 파피루스 속 영혼의 사후노동 장면.
무덤 주인은 나크트. 기원전 1300년, 대영박물관

사형의 유형을 보면 먼저 신전이나 궁전에서 물건을 훔쳤을 때다. 도망간 노예는 물론 이를 도와준 사람 역시 사형으로 다스렸다. 노예 경제사회의 특징을 잘 보여준다. 군대에서 명령 불복종 역시 사형이었다. 함무라비 법전의 특징 가운데 하나는 철저한 신분제라는 점이다. 부자나 노예가 아닌 자가 빈자나 노예보다 더 유리한 위치에서 법의 보호를 받았다. 가령 의사가 부자 환자를 죽음에 이르게 했을 경우. 손을 잘랐다. 하지만, 노예를 죽음에 이르게 하면 벌금을 내면 그만이었다. 여성에게는 남성보다 더 가혹한 법의 심판을 내렸다.

간통 여인 사형… 수메르의 일처다부제에서 후퇴

우리사회에서 2015년 범죄로부터 벗어난 간통을 함무라비 법전에서

함무라비 왕의 편지
루브르박물관

함무라비 왕이 라르사 총독에게 보낸 편지
루브르박물관

함무라비 왕의 태양신 샤마시 신전 보수
기록
대영박물관

함무라비 왕의 운하 굴착 기록
루브르박물관

는 어떻게 다스렸을까? 이 대목에서 먼저 고대 메소포타미아 사회의 여
권女權에 대해 짚고 넘어가자. 함무라비 법전을 만든 바빌로니아 왕국은
셈족 아카드인이다. 셈족에 앞서 메소포타미아 문명을 일군 민족은 수
메르다. 인류사 최초로 문자(쐐기문자)를 발명한 주역 수메르 민족은 셈
족에 흡수돼 정확한 실상을 들여다보기 어렵지만, 흥미로운 점은 일처다
부제—妻多夫制다. 여인 한명이 여러 명의 남자를 데리고 산 것인데, 고대
신석기 농경사회 영향으로 해석된다. 아카드인에게 멸망당하기 전 수메

우르남무 법전
지구상에서 가장 오래된 법전. 기원전 2112~기원전 2095년. 이스탄불 고고학 박물관

메소포타미아 이신왕국 리피트-이슈타르 법전
기원전 1870년, 루브르박물관

르 라가쉬 왕국의 기록을 보면 우르카기나 왕(기원전 2380~기원전 2360년) 때 일처다부제를 법으로 금지시킨다.

그러니까, 단군왕검이 나라를 세우던 무렵까지 라가쉬의 수메르 여인들은 여러 남자를 데리고 사는 특권(?)을 누린 셈이다. 6백여 년이 흘러 라가쉬 왕국이 무너지고, 셈족이 메소포타미아의 주역이 된 뒤인 기원전 18세기. 셈족 아카드인의 바빌로니아 왕국은 함무라비 법전을 만들면서 일처다부제 금지를 넘어 여인에게 더욱 가혹한 면모를 보인다. 간통을 저지른 여자를 사형시켰으니 말이다. 물론 정을 통한 상대 남성도 함께 목숨을 내놓아야 했다. 남녀를 수장형水葬刑으로 물에 빠트려 죽였다. 근친상간, 그것도 자신의 아들과 관계를 맺은 여인에게는 더욱 끔찍한 형벌이 기다렸다. 불에 태워 죽이는 화형火刑이다. 하지만, 남성인 아들은 타 도시로 추방당하면 그만이었다.

법전의 2분의 1은 계약 다룬 자본주의 법

이제 함무라비 법전의 또 다른 측면을 보자. 법전 조항의 50%가 계약과 건축에 관한 내용을 다루는 자본주의 법전이란 점이다. 예를 들면 황소 한 마리를 끄는 일꾼의 임금이나 의사의 임금 등을 다룬다. 나아가 거래 조건은 물론 집지을 때 계약조건, 가령 건물붕괴 시 건축업자의 배상이나 남의 집에 피해를 입혔을 때 배상 규정들을 소상히 담는다.

히타이트 법전
하투사 출토 기원전 14세기.
이스탄불고고학박물관

법전의 3분의 1은 상속과 이혼, 친권의 가사家事문제다. 남성 중심의 혈통사회로 굳어진 가운데 순수 혈통과 친권문제가 중요 관심사였음이 엿보인다. 흥미로운 대목은 성생활이나 음식 같은 지극히 사적인 문제까지 법으로 규정하는 점이다. 남편으로부터 보호받지 못하거나 사랑받지 못하는 여인이 이혼을 요구해 친정아버지 곁으로 돌아갈 수 있도록 한 점도 눈에 띈다. 강력한 군사대국을 일군 만큼 병역의 의무 관련 대목도 빠지지 않는다.

함무라비 법전의 진정한 의미… 애민정신

함무라비 왕의 역할을 부각시키며 정복 전쟁을 통해 넓어진 제국 주민들을 일관되고 효율적으로 다스리기 위한 목적으로 법을 만들었다. 하지만, 법전 서문에 함무라비 왕이 직접 밝힌 제정 의도는 시공을 초월해 진정한 법의 정신이 무엇인지 되돌아보게 해준다. "정의를 온나라에 퍼트리고, 사악한 자들을 없애며, 강한 사람이 약한 사람을 괴롭히지 못하도록, 과부와 고아가 굶주리지 않도록, 평민이 악덕 관리에게 시달리지 않도록 하기 위해" 법을 만든다고 명시해 놓았다.

농민에게서 소를 압류하지 못하도록 하는 조치에서 보듯 생존권 보장의 애민정신은 법전에 담긴 인권보장의 의미를 더욱 살려준다. 무죄추정 상태에서 피고나 원고가 자신을 위한 증거 제시 권리를 부여받은 점도 인권 존중조치로 손색없다. 공직자에 대한 규정도 마찬가지다. 판결에 실수를 저지른 공직자는 벌금을 물뿐 아니라 영원히 판사석에 앉지 못하도록 했다. 현대 공직자나 법조계 종사자들이 눈여겨 볼 대목이 아닐까. 사심 없이 공정하게 법적용과 판결에 임해야 하는 판사들의 기본을 되새겨 주니 말이다. 사법농단이 국민적 분노를 불러일으키는 요즘 더 가슴에 와 닿는 고대의 가르침으로 손색없다.

그리스 아폴론 조각 | 알렉산더 동방 원정 뒤 불상 모델

충남 논산시 은진면 관촉사로 가보자. 야트막히 경사진 비탈길을 오르면 석불 하나가 우뚝 솟아오른다. 석조미륵보살입상石造彌勒菩薩立像, 흔히 '은진미륵恩津彌勒'이라 불린다. 미륵불은 부처가 열반한지 56억7천만년 뒤에 나타나는 미래불이다. 태양계와 지구 나이가 46억 년 쯤 되니까, 그보다 더 오랜 시간이 흘러야 출현한다는 건데… 높이가 18.12m. 국내 불상 유물 가운데 가장 크다. 얼굴을 비롯해 인체 비례는 비현실적이어서 입체파나 초현실주의 묘사에 가깝다.

관촉사 석조미륵보살입상
충남 논산시 은진면 관촉사. 일명 은진미륵.
10세기

고려 시조 왕건의 셋째 아들인 4대 광종(재위 949년~975년)의 명으로 만들었으니, 1000여 성상星霜 눈비 맞으며 한민족을 보듬었다. 4월 보름은 태국이나 미얀마 같은 불교를 국교로 정한 나라들에서 부처님오신날이다. 우리는 음력 4월 초파일이지만, 그네들은 4월 보름을 기린다. 부처님 오신 날 다르듯, 2018년 3월

국보 323호로 승격된 관촉사 미륵처럼 생김도 제각각인 불상. 언제 처음 등장해 전파되며 모습이 바뀌는지 불상 풍속사를 살펴본다.

고구려 불상, 균형 잡힌 신체, 갸름한 얼굴에 옅은 미소의 사색 이미지

국립중앙박물관 고구려 전시실로 가보자. 강력한 기마문화의 위용이 담긴 유물 사이로 조각 소품들이 눈에 들어온다. 연꽃무늬 받침대에 앉거나 선 불상들이다. 돌을 깎아 하나하나 조각한 게 아니라 흙으로 빚어 가마에서 대량으로 구워낸 소조塑造다. 1937년 일본인들이 발굴했는데, 출토지는 평양에서 가까운 평안남도 평원군 덕산면 완오리 절터. 시기는? 6세기 중국에서 불교문화를 주도하던 선비족의 나라, 남북조 시대 북조 국가들인 북위北魏나 북제北齊의 불상과 닮았으니 6세기로 추정된

고구려 불상
좌상. 평안남도 평원군 덕산면 완오리 절터
출토. 6세기. 국립중앙박물관

고구려 불상.
입상. 평안남도 평원군 덕산면 완오리 절터
출토. 6세기. 국립중앙박물관

다. 대승 불교에서 '많은 부처佛가 하나의 부처佛로 모아진다'는 천불신앙千佛信仰의 상징, 천불상千佛像의 하나다.

생김을 보자. 400여년 뒤에 나타난 은진미륵과 전혀 다르다. 가부좌를 틀고 배위에 손을 얹은 선정인禪定印의 좌상坐像이나 오른손을 들어 펴 보이고 왼손을 아래로 향하는 시무외여원인施無畏與願印의 입상立像 모두 균형 잡힌 신체, 즉 이상적인 조형미가 돋보인다. 얼굴은 갸름하며 콧날은 오똑하고, 입가에는 지을 듯 말 듯 옅은 모나리자 미소를 머금었다. 눈을 지그시 감으며 사색에 잠겼다. 불상이 원래 이런 모습인가?

우즈베키스탄 파야즈 테페 불상, 고구려 불상과 닮은꼴

답을 얻기 위해 장소를 중앙아시아 우즈베키스탄으로 옮긴다. 우즈베

우즈베키스탄 파야즈 테페 불상
2~3세기. 우즈베키스탄 타슈켄트박물관

키스탄 최남단의 아프가니스탄 국경도시 테르미즈. 이곳에서 택시를 타고 10분 거리에 불교유적 파야즈 테페가 나온다. 바로 앞에 아무다리아강(옥수스강)이 흐르고, 강 건너는 아프가니스탄 발흐 지방이다. 파야즈 테페의 2~3세기 불교 사원 탑을 장식했던 불상을 보자. 완오리 절터 불상처럼 좌대 위에 선정인禪定印 자세로 결가부좌를 틀었다. 갸름한 얼굴에 오똑한 콧날, 눈을 지그시 감고, 옅은 미소를 지으며 사색에 잠긴 모습도 닮은꼴이다. 통견 법의法衣도 완오리 절터 고구려 불상과 같다. 파야즈 테페 불상이 확연히 서양인 얼굴이

란 점에서 차이를 보일뿐이다. 불상은 이렇게 서양인 모습이었던 것일
까? 불상의 기원을 찾아 남쪽으로 더 내려가 보자.

파키스탄 라호르 국립박물관 「단식하는 부처」

2001년 알카에다의 뉴욕 세계무역센터 비행
기 공격 때, 알카에다의 본거지 아프가니스탄
종군취재를 위해 파키스탄 이슬라마바드에 캠
프를 두고 현지 취재에 나섰다. 하지만, 아프
가니스탄 잠입취재에 실패하고, 파키스탄 유
적 취재로 방향을 틀었다. 인도 국경의 라호르
국립박물관은 인상적으로 고풍스런 건물만큼
이나 독보적인 유물로 취재진의 발길을 붙잡
았다. 파키스탄 북부 페샤와르를 중심으로 한
간다라Gandhara 지방 출토 불상들이다.

단연 돋보이는 불상은 보리수 아래 단식수
행을 묘사한 「단식하는 부처Fasting Buddha」. 고
행으로 앙상하게 뼈와 살가죽만 남은 부처의
모습, 뼈 위로 핏줄까지 섬세하게 드러낸 사
실적인 묘사는 보는 이를 전율시킨다. 마음
을 가라앉히고 얼굴생김을 뜯어본다. 갸름한
얼굴에 곱슬머리, 날카롭게 뻗은 코와 지그
시 감은 큰 눈. 서양인의 외모 그대로다. 얼굴
을 넘어 불상의 전체 구도를 보자. 선정인禪定
印 손 모양의 결가부좌, 번뇌를 딛고 깨달음을

단식하는 부처
간다라 불상. 2-3세기.
파키스탄 라호르국립박물관

간다라 불상
입상. 파키스탄 라호르국립박물관

얻기 위해 깊은 사색에 잠긴 명상수행 표정. 균형 잡힌 신체와 사실적인 묘사. 1-3세기 만들어진 이 불상은 간다라 불상의 특징을 잘 담아낸다. 간다라에서 중앙아시아를 거쳐 고구려 완오리 절터까지 하나의 흐름으로 이어지는 간다라 불상 조각기법. 누가 처음 제작했을까?

알렉산더 동방원정, 간다라 지방에 그리스 문화 이식

그리스 북부의 작은 역사도시 디온Dion으로 가보자. 제우스를 비롯한 12신이 산다는 올림포스 산이 멀리 바라다 보이는 옛 마케도니아 땅 디온이 동서 역사에 의미를 갖는 이유는 마케도니아 왕 알렉산더(재위 기원전 336~기원전 323년) 때문이다. 아버지 필리포스 2세(재위 기원전 359~기원전 336년)와 함께 그리스 폴리스들을 굴복시킨 알렉산더는 기원전 334년 당대까지 세계에서 가장 큰 영토를 구현했던 페르시아 제국 정벌 출정식

디온
알렉산더의 페르시아 정벌 출정식이 열린 곳이다.

을 디온에서 가졌다. 정벌군은 마
케도니아군 1만 3천명을 주축으
로 한 보병 4만8천1백명, 정예 마
케도니아 기병 5천1백명 중심의
기병 6천명, 전함 120척에 승무원
3만8천명, 거기다 각 분야 학자들
과 연회를 주도할 헤타이라(우리
식 기생) 까지 대규모였다.

알렉산더 대왕
이스탄불 고고학박물관

디온을 출발한 알렉산더는 마르마라해를 건너 트로이에 들러 아킬레
스 무덤을 참배한 뒤, 첫 교전 그라니코스 강 전투에서 예상을 뒤엎고 대
승을 거둔다. 이후 연전연승 행진. 기원전 333년 터키 남부 이수스 전

트로이
알렉산더는 디온에서 출정식을 갖고 마르마라해를 건너 트로이에 도착해 아킬레스 무덤에 예를 표하
고 이후 페르시아와 전투에서 연전연승을 거둔다.

이수스 전투 모자이크
기원전 333년 알렉산더 그리스 연합군과 다리우스 3세의 페르시아 대군이 맞붙어 알렉산더가 승리한다.

디오도투스 두상
그리스계 박트리아 왕국을 세운다.
우즈베키스탄 테르미즈 박물관

투, 기원전 331년 이라크 과가멜라 전투에서 다리우스 3세를 2번이나 격파하며 페르시아제국을 무너트린다. 이어 페르시아의 속국이던 소그디아나(사마르칸드 중심의 우즈베키스탄)에서 현지 공주 록사나와 결혼식을 올린다. 기원전 323년 알렉산더가 33살 나이로 급사하자, 부하들이 소그디아나와 박트리아(아프가니스탄, 파키스탄 북부) 땅에 남아 다스린다. 이어 기원전 245년 그리스 총독 디오도투스가 박트리아 왕국을 세운다. 그리스 문화가 이식된 박트리아 왕국을 중국 역사에서 대하국大夏國으로 부른다. '간다라'라고 부르는 땅이다.

훈(흉노)에 밀린 월지족 쿠샨 제국, 박트리아 정복해 간다라 불상 창조

중국 역사로 잠깐 눈을 돌리자. 주나라(기원전 1046~기원전 771년) 때부터 춘추시대(기원전 771~기원전 403년), 전국시대(기원전 403~기원전 221년) 한족은 북방 기마민족의 침략에 시달린다. 만리장성은 기마민족을 막기 위해 수백 년 걸쳐 쌓은 산성을 진시황 때 연결한 거다. 기원전 3세기 세를 떨친 기마민족을 훈Hun(흉노匈奴는 한족이 비하해 붙인 이름)이라 부른다. 훈족이 몽골초원에서 남진하며 진나라와 한나라를 압박하고, 나아가 서진하면서 오늘날 중국 신장 위구르 자치주의 타림분지에 살던 월지月氏

박트리아 왕국 동전
기원전 3세기 말.
사마르칸드 아프라시압박물관

쿠샨 제국 귀족
중국 타림분지에서 훈(흉노)에 쫓겨 이주해온
월지족이다. 기원전 1~1세기.
우즈베키스탄 타슈켄트 미술관

쿠샨 제국(월지족) 불교신도
파야즈테페 출토.
타슈켄트 박물관

족을 밀어낸다. 고향에서 쫓겨난 월지는 서쪽으로 이동해 알렉산더 후예의 그리스 왕국인 박트리아를 무너트린다.

월지의 5부족 가운데 하나가 쿠샨Kushan이다. 중국에서는 귀상貴霜이라 불렀다. 쿠샨은 인더스강 너머 펀자브를 정복하며 서북 인도까지 장악해 제국을 세운다. 쿠샨 제국은 박트리아 왕국의 선진 그리스문화를 고스란히 받아들였다. 그리스 문자는 물론 신을 인간형상으로 빚는 조각술이 대표적이다. 당시 박트리아 땅에는 불교가 전파돼 있었다. 부처님이 불멸기원佛滅紀元, 즉 열반하신 기원전 544년 이후 인도에서 불교가 융성했지만, 불상을 조각하지는 않았다. 쿠샨제국이 인간 모습의 신을 빚는 그리스 풍속을 배워 불상을 처음 만들었다.

그리스 태양신 아폴론 조각이 불상 조각의 모델

우즈베키스탄 수도 타슈켄트 미술관으로 가보자. 부처님은 실제 어떻게 생겼을지 답을 찾아보기 위해서다. 부처님은 네팔 땅 카필라 성의 왕 슈도다나와 마야 왕비 사이에서 태어났다. 기원전 1천년 경 기마문화와 함께 인도에 진입한 산스크리트어 사용의 인도유럽어족에 속하는 백인인지, 검은 피부의 토착민인지는 불분명하다. 그렇다면 불상을 처음 조각한 쿠샨 제국 사람들이 혹시 자기들 생긴 대로 불상을 조각한 것은 아닐까? 쿠샨 귀족의 얼굴 조각이 타슈켄트 미술관에 남아 있다. 콧수염이 인상적인 백인이다. 쿠샨 제국 월지족은 중국 서부에 살았지만, 뿌리는 페르시아 민족에 둔다. 그렇다면 간다라 불상은 쿠샨인의 모습일까?

로마 팔라초 마시모 박물관에서 만나는 그리스 태양신이자 학문과 예술의 수호신 아폴론을 보자. 균형 잡힌 몸매, 갸름한 두상에 금발 곱슬머리, 날렵하고 오똑한 코, 사색에 잠긴 표정으로 옅은 미소를 머금은 얇은

그리스 태양신 아폴론
그리스 원작을 2세기 로마시대 복제. 로마 팔라초 마시모 박물관

입술… 초기 간다라 불상은 이렇게 완벽한 조형미를 갖춘 이상적인 아름다움의 그리스 조각을 그대로 옮겼다. 그리스 고전기(기원전 480~기원전 331년)에 완성된 스타일이다. 프랑스 파리의 기메 박물관, 러시아 상트페테르부르크 에르미타주 박물관, 일본 도쿄 박물관을 비롯한 전 세계 주요 박물관을 빛내는 간다라 불상이 모두 그렇다.

간다라 불상
사색에 잠긴 서양인 모습. 아폴론을 따 조각한 간
다라 불상의 전형이다. 2~3세기. 파리 기메박물관

간다라 불상
2~3세기. 국립 도쿄박물관

5호16국 시대 372년 전진왕 부견, 고구려에 불경, 불상 전파

상트페테르부르크 에르미타주 박물관에는 쿠샨제국 전성기를 이끈
카니시카 왕 금화가 전시돼 있다. 그리스 문자로 자기 이름을 적은 카니

간다라 불상
입상. 상트페테르부르크 에르미타주박물관

시카 왕은 이상적인 제왕, 즉 전
륜성왕轉輪聖王으로 불리며 2세기
실크로드를 통해 불교와 불상을
중국으로 보낸다. 한나라 2기인
동한東漢(25~220년)시기다. 하지
만, 한나라는 유교를 비롯해 도교
같은 고유 사상의 뿌리가 깊었다.
불교가 불길처럼 일어난 것은 기
마민족이 지배하던 5호 16국 시
대(304~439년)다.

티벳 출신 저족이 세운 전진前秦
(351~394년)의 3대왕 부견苻堅(재위
357~385년) 역시 불교를 수호하는

쿠샨 제국 카니시카왕
실크로드를 통해 중국으로 불교전파.
상트페테르부르크 에르미타주 박물관

간다라풍 불상
오늘날 중국 영토인 투르판 지역으로 전파된 직후 불상. 간
다라 풍이다. 국립중앙박물관

전륜성왕으로 불렸다. 부견은 중국전역에 불교를 전파시키며 372년 승려 순도를 통해 고구려 소수림왕(광개토대왕 큰아버지)에게 불경과 불상을 보냈다. 간다라 불상일 터이다. 고구려, 신라, 백제, 남북국시대를 풍미한 이상적 아름다움과 정제된 조형미를 간직한 사색 이미지의 우리민족 불상은 이렇게 유입된 간다라 불상풍속을 이어받은 결과다. 세월이 흐르며 은진미륵처럼 토착화된 생김과 표정의 불상이 나타나지만, 알렉산더의 정복 발길이 머나먼 동방, 무궁화동산槿域에까지 잔영을 남긴 거다.

전진 왕 부견 시기 비석
티벳 계열인 전진 왕 부견은 372년 고구려 소수림왕에게 불교를 전해준다.
367년. 서안 비림박물관.

5장
정치 (민주주의, 제도)

촛불과 광장 민주주의 | 아테네 아고라가 뿌리

기원전 490년. 아테네가 마라톤만의 바닷가 전장에서 페르시아 대군을 물리친다. 치열한 전투의 고단함도 뒤로한 채, 시민병사 페이디피데스는 이를 악물고 달린다. 쉬지 않고 그렇게 42.195㎞를 뛰어 아테네에 도착해 승전보를 전한다. 이내 숨을 헐떡이다 숨을 거둔다. 독일의 고전학자 아우구스트 뵈크August Böckh는 다양한 자료를 검토한 끝에 그날이 9월 12일이라고 1855년 결론짓는다. 감동적인 승리를 전한 장소는 아테네 어디일까?

아테네 아고라
귀족회의가 열리던 아레오파고스 바위언덕에서 내려단 본 모습. 오른쪽 기다란 지붕 건물이 아탈로스 스토아. 여기서 왼쪽 언덕의 신전(헤파이스토스 신전)까지가 고대 아테네 아고라다.

판아테나이카 도로
아고라를 동서로 가르는 큰 도로. 뒤쪽 언덕이 아크로폴리스. 꼭대기는 파르테논 신전이다.
소크라테스가 매일 걸었을 도로이고, 페르시아 전쟁 마라톤 전투 승리소식을 알려준 페이디피데스가
달린 도로이기도 하다.

아테네 모든 시민들이 모이는 너른 마당인 아고라Agora, 광장廣場이다.
2016년 10월부터 2017년 3월. 광화문 광장을 비롯해 전국의 광장을 수
놓던 촛불과 태극기, 손에 들린 내용물에 관계없이 시민 누구나 자기 의
사를 평화적으로 표현할 수 있는 자체가 소중하다. 2천5백년 전 아테네
로 거슬러 올라가 시민주권 민주주의의 원형을 살펴본다.

칼로스카가토스 시민들이 모이는 너른 마당, 아고라(Agora)

페이디피데스가 거친 숨을 헐떡이며 뛰어든 아테네 아고라. 이곳에서
타임머신을 타고 만나는 2천 5백년 전 시민들은 스스로를 칼로스카가토
스Kaloskagatos라고 부른다. 칼로스Kalos(아름다운), 카가토스Kagatos(덕이 있
는)의 합성어다. 아테네에서 태어나 건강하게 교육받고 건실한 청년으로
성장해 한사람의 시민으로 훌륭한 역할을 수행할 때 이런 수식어를 붙여

준다. 아름다운 신체와 훌륭한 인품의 칼로스카가토스 시민들이 모이는 장소 '아고라Agora'는 아고라쪼Agorazo('모이다', '모여서 장사하다')에서 나왔다. 모 인터넷 포털의 토론방 '아고라'는 주권시민들이 모이는 가상공간, 여론광장의 의미다.

그리스 문명권의 모든 도시는 아고라와 아크로폴리스Acropolis로 나뉜다. 아크로폴리스는 도시Polis의 가장 높은Acro 산꼭대기다. 신들의 공간이다. 국립 서울대의 아크로폴리스는 이런 의미에서 권위주의적이다. 엄숙하고 지엄한 곳, 아크로폴리스 아래 아고라는 세속적인 시민의 공간이다. 물건을 사고팔거나 정보를 주고받고, 배우고 가르친다. 무엇보다 공적활동, 그러니까 송사를 다루는 재판, 정치활동이 펼쳐진다. 정치의 중심지다.

아고라(Agora) 연설단 베마(Bema)의 정언(定言)-시민 민주주의

아테네 아크로폴리스에 오르면 파르테논Parthenon 신전이 우뚝 솟았다. 파르테논은 무슨 거창한 의미일까? 파르테노스Parthenos는 '숫처녀'를 가리킨다. 아테네 수호신이던 전쟁과 지혜의 여신 아테나가 처녀성을 고집하기 때문에 붙여줬다. 아크로폴리스 서쪽 아래로 고대 아고라가 펼쳐진다. 2천 4백 년 전 소크라테스가 거닐던 모습 그대로다. 아고라 유적지에 남은 가장 웅장한 건물은 아탈로스 스토아다. 스토아는 복도가 야외로 연결되는 그리스 고유의 건축물이다. 아탈로스 스토아 바로 앞 나무 밑에 주의를 기울여 찾지 않으면 놓치기 십상인 유물이 기다린다. 모진 풍상을 겪은 듯 이끼가 잔뜩 끼어 거뭇한 돌 연단이다. 지금은 지표면과 거의 비슷한 높이지만, 소크라테스 시절에는 땅에서 꽤 높던 이 연단演壇을, 베마Bema라고 부른다.

아테네 아고라의 베마
아탈라스 스토아 바로 앞, 판아테나이카 도로가 시작되는 지점에 자리한다. 지금은 땅에 묻혀 연단의
모습이 잘 드러나지 않지만, 여기서 시민들이 자유롭게 자신의 정치적 의사를 표현할 수 있었다.

　기원전 490년 마라톤 전투의 영웅 밀티아데스, 기원전 480년 페르시
아 전쟁 시기 살라미스 해전의 주역 테미스토클레스, 기원전 5세기 중반
아테네 민주주의의 수호자 페리클레스, 아테네를 멸망으로 몰고 간 전
쟁론자 알키비아데스… 아테네의 정치 지도자들이 사자후獅子吼를 토해
냈다. 세월의 무게가 내려앉은 베마 앞에서 느끼는 숙연함은 이들 영웅
호걸이 떠올라서가 아니다. 숱한 무명의 시민들이 표현의 자유를 만끽
하던 곳이기 때문이다. 시민권을 가진 자유시민이라면 누구나 자유롭게
자기생각을 표현할 수 있던 곳, 칼로스카가토스 시민들이 공직자를 뽑
고, 국가의 운명을 결정하던 아테네 광장 시민 민주주의에 고개가 숙여
진다.

아킬레스 무구(武具) 놓고 아이아스 오디세우스 갈등

아테네가 성장하면서 인구가 늘자 아고라가 비좁았다. 시민들은 정치 집회와 투표장소를 아크로폴리스 맞은편 프닉스 언덕으로 옮긴다. 아고라에서 남동쪽으로 바라다 보이는 야트막한 돌산이다. 그리스에서 흔한 돌산지형인데, 연단인 베마가 지금 써도 손색없을 만큼 원형 그대로 큼직하게 남았다. 학교 운동장 연단을 연상시킨다. 이곳도 시민들이 모이기에 넉넉하지 않자, 아크로폴리스 동쪽 경사면 아래 건축한 디오니소스 극장으로 집회장소를 옮긴다. 2만명 이상 시민이 모일 수 있었다.

아테네인들은 어떻게 그런 권한을 갖게 됐을까? 그것도 동시대 지구촌 어디서도 볼수 없는 독보적인 민주주의 철학과 민주정치 체제를 운영할 수 있었을까? 그리스에서 인류역사상 최초로 민주주의 원칙을 적용한 사건은 호메로스 작품『일리아드Iliad』에 나온다. 그리스 연합군의 용장 아킬레스가 트로이 성벽을 기어오르다 트로이 왕자이자 헬레나를 유인해 트로이 전쟁의 빌미를 제공한 파리스의 화살에 아킬레스건踺을 맞아 죽는다. 이때 아킬레스 시신을 트로이 성벽에서 업어온 오디세우스가 아킬레스의 무구武具를 갖겠다고 선언한다. 그러자, 그때 오디세우스를 엄호했던 아이아스가 자신의 엄호가 없었다면 아킬레스 시신을 온전하게 운구할 수 없었다며 자신이 무구의 주인공이라고 나선다. 아킬레스의 무구는 아킬레스의 어머니인 바다요정 테티스가 대장장이의 신 헤파이스토스에게 부탁해 만든 신령스런 무기였다.

아테나 여신 지시로 투표 통한 아킬레스 무구 주인 결정

장소를 그리스 로마와 중동 지역 유물의 보고寶庫 파리 루브르박물관으로 옮겨보자. 유리 피라미드로 들어간 뒤, 오른쪽 드농Denon관으로 가

프닉스 언덕
아테네 시민들은 아고라가 좁아 이곳 프닉스 언덕으로 정치 집회 장소를 옮겨 사용했다. 건너편은 아크로폴리스와 파르테논 신전이다.

프닉스 언덕 베마
아고라 베마와 달리 매몰되지 않아 연단의 면모가 잘 드러난다. 시민참여 민주주의의 상징으로 빛난다.

디오니소스 극장
프닉스 언덕에서 훗날 디오니소스 극장으로 민회 개최장소를 옮긴다.

면 그리스로마 유물이 기다린다. 그중 그리스 도자기 전시실로 가보자. 나무로 된 진열장을 가득 메우는 다양한 형태의 그리스 도자기는 우리네 도자기와 달리 표면에 다양한 역사적 사건 등의 에피소드를 그려 넣었다. 일종의 역사 풍속화첩인 셈이다. 그리스 미케네 문명시기(기원전 17~기원전 13세기) 발생한 것으로 추정되는 트로이 전쟁이야기를 다룬 도자기만 따로 모아 놨다. 여기서 붉은 바탕에 검은 색으로 묘사한 인물 3명이 등장하는 도자기가 눈길을 끈다.

기원전 5세기 화려하게 꽃핀 아테네 흑색인물기법Black Figure 도자기다. 가운데 선 여인은 트로이 전쟁 당시 그리스 연합군을 지원한 전쟁의 여신 아테나다. 그 밑에 양쪽으로 투구를 쓰고 창을 든 채 앉아 장기를 두는 그리스 장수들은 최고의 용장으로 꼽히던 아킬레스와 아이아스다. 아이아스가 아킬레스와 더 가까운 사이였음을 말해주지만, 이런 친밀도

다투는 오디세우스와 아이아스
죽은 아킬레스의 무구를 서로 차지하려고 다툰다. 대영박물관

장기 두는 아킬레스와 아이아스
가운데는 민주적 투표문화의 창시자 아테나 여신. 기원전 5세기 그리스 도자기. 루브르박물관.

가 아킬레스 무구를 차지하기 위한 아이아스와 오디세우스의 싸움에 도움이 됐을까? 둘의 싸움을 보다 못한 아테나 여신이 중재에 나서 병사들 투표로 무기 주인을 가릴 것을 명한다. 요즘처럼 세련된 투표용지가 아닌 조약돌로 의사를 표시했지만, 다수결로 의사결정을 내린 인류 역사 최초의 민주주의 투표다. 오디세우스에게 조약돌이 더 많이 모였고, 패한 아이아스는 그만 자결하고 만다. 민주주의를 위한 첫 투표결과는 그만큼 잔인했다. 요즘 선거에서 지고 낙심하는 후보들은 과연 죽을 만큼 열심히 활동이나 한 걸까?

자결하는 아이아스
아테나의 지시로 병사들 투표로 주인을 가리는데, 패한 아이아스는 수치심에 자결한다.
대영박물관

법치 민주주의의 출발 드라콘(Drakon)

귀족 과두정치寡頭政治(Oligarchy)를 거쳐 아테네가 민주정치로 들어선 결정적인 계기는 기원전 621년이다. 드라콘Drakon이 최초로 성문법을 만들며 민주주의 원칙을 세웠다. 돈 많고 힘 있는 자들 멋대로 통치하는 폐해를 막기 위해 누구나 수긍할 수 있는 법치의 문을 열었다. 지나치면 독일까. 너무 엄격하게 법을 집행해 나중에는 그 폐해 또한 적지 않았다. 오늘날 영어 단어 드라코니안Draconian이 '매우 가혹한'이라는 부정적인 의미로 바뀐 이유다. 민주주의의 길을 터준 드라콘은 큰 인기를 얻는다. 어찌나 인기가 많던지, 그가 나타나면 시민들이 환호하며 겉옷 히마티온

Himation(온몸을 칭칭 감아 입는 그리스 옷. 남자들은 오른쪽 어깨를 드러냄)을 벗어 그에게 던졌다. 하지만, 환호도 과하면 독이었다. 드라콘이 그만 민중이 환호의 표시로 던진 히마티온에 숨이 막혀 죽었다고 하는 웃지 못 할 고사가 전한다.

'아틀란티스 대륙' 전설의 기원 솔론, 이자율 20% 제한

법치로 민주정치의 기초를 닦았지만, 그게 다가 아니었다. 빈부격차를 줄여 경제문제를 해결하지 못하면 사회는 위기로 치닫는다. 기원전 594년 아테네 비상대권을 맡은 솔론Solon에게 부여된 역사적 사명은 폭발 직전으로 몰린 빈민계층의 불만을 해소하는 거였다. 솔론은 빈민들이 겪는 고율의 이자를 원흉으로 봤다. 그래서 아테네 시민이라면 아무리 빚을 많이 져도 노예로 강등될 수 없도록 법으로 막았다. 동시에 이자율 상한선을 20%로 제한하는 혁신적인 조치로 서민들을 빚의 악순환 고리에서 구해냈다. 2002년 66%, 2007년 49%, 2011년 39.9%, 2014년 34.9%, 2016년 3월에야 27.9%. 2천 6백년 전 아테네 이자율이 아니다. 21세기 대한민국 이자 상한선이다. 선진국은 고사하고, 고대 솔론의 정책을 따라가기에도 멀었다.

사심 없이 일했건만 솔론의 결말은 해피엔딩이 아니었다. 귀족층은 당연히 솔론을 같은 편이라고 생각하지 않았다. 빈민층 또한 비록 투표권은 받았지만 토지 재분배를 실시하지 않는 솔론에 불만을 가졌다. 양쪽 모두에게 인기를 잃자, 솔론은 미련 없이 정치에서 손을 놓고 무려 10년간 이집트를 포함한 오리엔트 역사탐방에 나선다. 이 때 솔론이 이집트 신관에게서 들어 아테네에 옮긴 말을 플라톤이 200여년 뒤 스승 소크라테스와 티마이오스의 대화록 『티마이오스Timaios』에 남겼다. '아틀

란티스 대륙' 전설은 그렇게 생겨나 지금까지도 신비의 고대문명에 대한 호기심을 화수분처럼 자아낸다.

현대 민주주의 남상 영국 서민 노동자 정치 1900년 출범

현대 민주주의 남상濫觴, 영국으로 가보자. 런던 템즈강가에 우뚝 솟은 일명 빅벤, 영국국회의사당은 영국 의원내각제 민주주의의 상징으로 전 세계인에게 비쳐진다. 1588년 명예 혁명이후 왕보다 의회가 우선하는 민주주의를 정착시킨 영국. 이후 국민의 극소수만 가졌던 투표권이 점차 확대돼, 마침내 재산이 없는 노동자도 투표권을 갖게 된 것은 언제일까? 1880년대 개정된 선거법이 적용된 1900년부터다. 노동자들을 대변하는 당, 영국 노동당Labor Party은 그해 닻을 올렸다. 일반국민 모두 투표권을 가진 아테네 민주주의의 위상이 새삼스럽게 다가온다. 아테네 시민들이 어떻게 투표권을 확대해 갔는지는 다음기회에 살핀다.

영국 국회의사당

632년 정월 신라 수도 서라벌. 왕궁 월성月城에서 정복군주 진흥왕의 장손 진평왕이 재위 54년 째 승하했다. 진평왕은 아들이 없었다. 남동생 백반과 국반은 이미 죽었다. 누가 왕위를 계승할 것인가? 『삼국사기』에는 "나라사람들이 딸을 왕으로 추대했다"고, 『삼국유사』에는 "성골聖骨 남자가 없어 여왕을 세웠다"고 나온다. '성골'은 진흥왕 맏아들 동륜태자 직계를 가리키는 말로 진평왕이 만들었다. 최초 여왕이란 타이틀의 주인공은 성은 김金이요 이름은 덕만德曼, 선덕여왕이다.

진평왕릉
신라에 여왕을 처음 가능하도록 성골제도를 만든 왕. 선덕여왕의 부친

선덕여왕릉
부왕인 진평왕이 진흥왕의 장자인 동륜태자 직계만 성골(聖骨)로 따로 분류해 왕위를 이을 수 있도록 해준 덕분에 우리 역사상 첫 여왕이 된다. 진평왕은 동륜태자의 큰아들이다.

진덕여왕릉
선덕여왕이 결혼을 하지 않아 자식 없이 죽으면서 사촌여동생 그러니까 동륜태자의 작은 아들의 딸인 진덕여왕이 왕위에 오른다.

표암
만장일치제 귀족회의인 화백회의가 이곳 표암에서 처음 시작됐다고 한다

선덕여왕도 후사 없이 647년 세상을 뜬다. 당태종의 침략을 고구려가 사력을 다해 막아내던 국제정세 불안기에 잠시도 왕위를 비워둘 수 없는 상황. 이때 작은 아버지 국반의 딸, 즉 사촌여동생 승만勝曼이 왕을 이었다. 키가 크고 아름다웠다는 진덕여왕이다. 여기서 궁금해진다. 선덕여왕과 진덕여왕을 누가 왕으로 뽑았을까? 만장일치제 귀족회의인 화백和白회의에서 뽑았을 가능성이 높지만, 정확한 기록은 없어 확실하지는 않다. 다시 궁금해진다. 모든 국민이 참여하는 투표풍습은 언제 생겼고, 요즘 우리사회 화두로 떠오른 만18세 투표권 기원은 언제 어디인가? 투표권 확장의 역사를 따라가 본다.

터키 프리에네 보울레우테리온, 유구한 의회정치 증언

한국인이 많이 찾는 해외 역사 관광지 터키로 가보자. 터키에 남은 그리스로마 최대 역사유적지는 에페소스Ephesos다. 성경에서 말하는 에베소. 에페소스에서 차를 타고 남쪽으로 40분여 내려가 석회암 산악지대를 헐떡이며 오르면 소나무 숲 사이로 고색창연한 그리스 유적지가 나온다. 프리에네Priene다. 이오니아 양식의 신전기둥과 원형이 잘 보존된

시청 겸 의사당 기능을 가진 보울레우테리온
기원전 4세기. 터키 프리에네

아테네 보울레우테리온 잔해
기원전 6세기 건축. 위에 보이는 건물은 헤파이스토스 신전. 아테네 아고라.

극장 유적 사이로 낯 익은 듯한, 그러나 한편으로 '고대 유적지에 어떻게 이런…'이란 생각을 불러일으키는 유적이 반겨준다. 직사각형 건물 잔해, 계단식 의자로 빙 둘러싸인 내부구조, 가운데 회의용 탁자… 마치 지방의회나 국회에서 의원들이 시장이나 군수, 장관을 불러놓고 의정질의를 펼칠 것 같은 의사당 분위기다.

맞다. 보울레우테리온Bouleuterion. 고대 그리스 아테네를 비롯한 직접 민주주의에서 최고의결기구는 전 국민이 참여하는 민회民會(아테네의 Ekklesia)다. 하지만, 민회를 개최하려면 안건상정을 비롯해 여러 준비해야할 사안들이 한둘이 아니다. 이를 위해 시청성격을 갖는 의회를 만들었다. 보울레Boule라고 부른다. 보울레 의원들이 모여 회의도 열고 민회 안건을 준비하며 찬반 표결도 벌이던 장소를 그리스어 장소접미사 온(-on)을 붙여서 보울레우테리온이라고 부른다. 프리에네는 그리스인이에게해를 건너 아나톨리아(터키의 아시아쪽 땅)해안가에 만든 도시 국가다. 기원전 4세기 이후 민주주의 체제를 구축했고, 보울레를 운영하며 보울레우테리온을 지었다. 그것이 2천4백년 지난 오늘날까지 지구상에서 가장 보존 상태가 좋은 프리에네 보울레우테리온이다.

기원전 621년 드라콘 개혁, 무기 들고 싸우는 남자에 투표권

아테네로 가보자. 기원전 8세기 이후 그리스인들의 숨결이 살아 숨 쉬는 역사 고도 아테네의 광장 아고라Agora. 이곳에도 보울레우테리온이 남아 있을까? 당연하다. 아고라 남쪽 야트막한 언덕에 원형이 잘 보존된 도리아식 헤파이스토스 신전이 자리한다. 그 바로 밑에 보울레우테리온 터와 주춧돌이 탐방객을 기다린다. 기원전 6세기 초에 건축된 사각 형태의 건물이다. 프리에네 것과 비슷했을 터이다. 기원전 6세기 이전부터 있던 건물을 헐고 재건축한 것으로 밝혀졌다. 원래 있던 보울레우테리온 건물에서 기원전 621년 기념비적인 사건이 일어난다. 그리스 최초의 법 제정이다.

당시 전통 토지귀족과 민중 사이에 정치적 갈등이 커지자, 아테네는 귀족 출신 드라콘Drakon에게 전권을 맡긴다. 드라콘은 정치와 행정, 기타 사회문제를 법치로 해결하는 이정표를 세웠다. 그중 가장 관심을 끄는 대목은 혼란의 원인이 됐던 2가지 사항. 누가 공직을 맡는가의 공무담임권과 누가 투표할 것인가의 참정권이다. 드라콘은 군대 고위직 공무담임권을 일정 재산 이상 소유자에게만 줬다. 금권정치를 완전히 도려내지 못한 거다.

참정권은? 유사시 무기를 들고 나가 싸우는 국민에게 투표권을 줬다. 대통령 뽑을 때 병역의무에 특히 민감한 우리네 정서로는 일견 합리적으로 보이지만 속을 들여다보면 그렇지 않다. 당시는 징병제가 아니고 전쟁이 터질 때 일반 국민이 자발적으로 전장에 나간다. 이때 무기는 자기 손으로 마련해야 한다. 요즘으로 치면 M16 소총과 방탄조끼, 실탄은 물론 155mm포, 군용차를 모두 군대 가는 사람이 사가지고 가는 식이다. 다시 말해 돈 있는 사람만 전쟁터에 나가니 투표권도 재산이 있는 사람만 보장 받는 거다. 최초 성문법의 의미는 크지만, 불만은 다시 불거졌다.

기원전 594년 솔론, 무일푼 노동자에게도 투표권 부여

중동의 파리라고 불리는 레바논의 수도 베이루트 국립박물관으로 가보자. 1층 전시실 바닥을 수놓는 거대한 로마시대 모자이크가 눈길을 사로잡는다. 7현七賢. 3세기 중국 위魏나라 말기 권신 사마씨 집안 독재에 염증을 내며 현실을 떠난 죽림칠현竹林七賢의 현자들이 아니다. 그보다 8

백여 년 앞서 그리스 문명권에 살
았던 7명의 현인을 가리킨다. 그
중 한명이 아테네의 솔론Solon이
다. 모자이크 속 솔론은 백발에
긴 수염을 달고, 어깨 왼쪽 위에
그리스 문자로 솔론이라는 자기
이름표를 붙였다. 로마시대지만
라틴문자가 아닌 그리스 문자로
새긴 것은 로마시대 그리스문화
를 숭상한 풍토를 말해준다.

아테네 민주개혁가 솔론
기원전 594년 무일푼 노동자에게도 투표권을
부여한 민주개혁가다.
로마시대 모자이크. 레바논 베이루트국립박물관.

솔론은 무슨 일을 해서 그리스 문명권 7현의 한명으로 불리는가? 정치
개혁이다. 솔론은 전체 국민을 4등급으로 나누고, 4등급 모두에 투표권
을 주되, 최하위 무산계급은 공무 담임권 자격에서 제외시켰다. 대신 돈
을 벌어 신분을 상승시키면 공직을 맡을 수 있도록 길을 터줬다. 참정권
은 비록 단 한 평의 땅뙈기가 없어도 부여했으니, 하루벌이 날품으로 사
는 무일푼 노동자에게도 투표권을 안긴 거다. 민주주의의 은인으로 불
릴 만 하지 않은가? 하지만, 아직 부족하다.

기원전 508년 클레이스테네스 18세 남자 투표권과 공무담임권

기원전 508년 아테네 민주주의 지도자 클레이스테네스Kleisthenes는 민
주주의의 핵심과제 공무담임권과 참정권 발전사에 종지부를 찍는다. 토
지를 소유했는지 여부, 기타 재산의 유무, 전쟁 참전여부를 가리지 않고
지역 행정단위 데모스Demos('민중' 뜻도 있음)에 등록한 국민 모두에게 공
무담임권과 참정권을 줬다. 물론 이때도 한 가지 조건은 붙였다. 나이 제

한. 18세가 조건이다. 그러니까, 18세 이상 남자라면 누구든지 민회에서 한 표를 행사할 수 있고, 공직에 진출할 수 있는 자격을 얻었다. 프랑스에서 농민들이 투표권을 가진 것이 1849년 2공화국 때고, 영국에서 무일푼 노동자들이 투표할 수 있게 된 것이 1900년인 점을 감안하면 클레이스테네스의 아테네 민주개혁이 얼마나 앞선 조치였는지 이해할 수 있다.

현재 OECD 35개 선진국 가운데 유일하게 한국만 19세 투표권을 고집한다. 일본도 2017년부터 18세에 투표권을 줘 고등학생도 공직투표에 나선다. 선진국들이 시행하는 민주주의다. 현대 사회 공무담임권은 나이가 많이 올라갔다. 우리의 경우 국회의원 25살, 대통령 40살이다. 2017년 봄 프랑스 대선에서 당선된 중도파 마크롱 대통령은 39살로 신

로마포럼
아테네 아고라에 해당하는 로마 민주주의의 현장이다. 민회가 이곳에서 열렸고, 의사당도 이곳에 자리했다.

세대 정치의 잠을 깨웠다. 2017년 10월 총선에서 집권한 오스트리아 우파 지도자 세바스티안 쿠르츠 총리는 불과 31살이다. 고대 그리스 아테네 직접 민주정치를 닮아가는 것일까?

로마는 기원전 509년 공화정, 기원전 287년 18세 남자 투표권 권력 핵

이탈리아 수도 로마로 가보자. 고대 로마 공화정의 산실이던 로마 포럼 위로 카피톨리니 언덕에 박물관이 자리한다. 여기서 만나는 인물 흉상. 검은 대리석 주인공은 브루투스Brutus. 기원전 509년 시민혁명으로 에트루리아인의 왕정을 몰아내고, 민주정을 창시한 로마 공화국의 아버지다. 왕정을 되찾으러 침략해온 전임왕의 아들과 1대1 결투를 벌이다

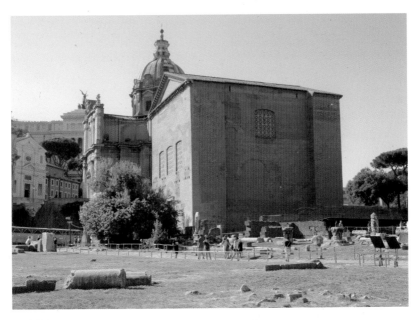

코미티움
건물과 그 앞 공터 일부가 코미티움 자리다. 이곳에서 공화정을 말살시킨 카이사르가 공화정을 수호하려는 의원들에게 암살된다.

브루투스
기원전 509년 로마에 공화정을 도입한 인물. 로마시대
조각. 로마 카피톨리니 박물관.

숨질 만큼, 목숨 바쳐 로마의 공화정을 지킨 인물이다.

브루투스의 정신을 이어 로마는 기원전 451년 12표법을 만들어 성문법 시대를 연다. 이어 단계적인 개혁을 거쳐 마침내 평민의회인 콘킬리움 플레비스Concilium Plebis를 통과한 법안도 국법의 효력을 갖도록 한다. 아테네보다는 다소 늦지만, 투표권을 가진 18세 이상 평민의 세상이 열렸다. 기원전 287년 호르텐시우스법안이 통과돼 가능한 일이었다. 물론 로마는 기원전 27년 옥타비아누스가 실질적 황제로 등극하면서 지역별로 편차가 있지만, 공화정에 종지부를 찍는다. 이후 로마제국과 중세 천년 지구촌은 암흑의 왕정시대였을까? 선거문화가 없어졌을까? 그렇지 않다. 중세 민주정치 풍속과 문화는 다음기회에 다룬다.

대통령 탄핵 | 아테네 시민주권과 도편 추방제

그리스 수도 아테네. 파르테논 신전 아래 소크라테스가 거닐었을 판아테나이카 도로를 가로지르면 아고라 끝자락에 웅장한 건물이 눈길을 사로잡는다. 기원전 2세기 페르가몬 왕국(터키 서부 해안의 그리스계 왕국)의 아탈로스 2세가 세운 스토아Stoa(지붕을 갖추고 한쪽이 야외로 트인 복도)다. 1950년대 미국기술진이 복원한 '아탈로스 스토아'는 현재 내부를 「아고라 박물관」으로 꾸몄다. 주옥같은 고대 그리스 유물이 탐방객을 맞는다. 그 중 아테네 아크로폴리스 북쪽 산록 우물에서 출토한 도자기 접시 유물이 관심을 모은다. 접시들에 똑같이 적힌 「테미스토클레스ΘΕΜΙΣΘΟ ΚΛΕΣ」. 사람 이름일 텐데… 무슨 사연일까?

국민의 촛불 하야 요구로 국회에서 탄핵 소추돼 헌법재판소에서 탄핵당한 박근혜 전 대통령이 1심 재판에서 징역 24년을 선고받았다. 임기를 마치기는 했지만, 재임중 각종 비위 혐의로 이명박 전 대통령은 1심 징역 15년을 받았다. 국민의 지지로 최고 권력에 올랐지만, 한순간에 나락으로 떨어진 전직 대통령들을 보며 아테네 직접민주주의의 도편 추방제 탄핵정치 역사가 궁금해진다.

수니온 곶 포세이돈 신전
영국의 낭만파 시인 바이런이 남긴 문구가 신전 기둥에 적혀 있다. 바이런은 그리스 독립전쟁을 돕다
말라리아로 불귀의 객이 된다. 신전에서는 푸른 에게해가 내려다 보여 장관을 이룬다.

애드가 앨런 포와 바이런이 찬미한 그리스 문명

아테네 남동쪽 40㎞지점 수니온 곳으로 가보자. 쪽빛 하늘과 라피스라줄리의 코발트 빛 바다가 어울려 붓도 없이 한 폭의 수채화로 피어난 수니온 곳 포세이돈 신전. 가장 그리스적인 이곳에 서면 2명의 문인이 떠오른다. 아테네나 로마 근처에 얼씬거린 적도 없으면서 '그리스 로마 문명'에 대해 멋진 문구를 지어낸 미국의 19세기 작가 애드가 앨런 포. 1849년 40살에 의문사로 생을 마감하기 전 그가 남긴 말. "영광은 그리스의 것이요, 위대함은 로마의 것이다".

그리스 문명이 영광스럽다고 입으로만 외친 포와 달리 그리스 문명을 위해 온몸을 바친 문인이 있으니. 조지 고든 바이런. 포보다 20살 많은 영국의 이 낭만파 시인은 방탕한 아버지에게서 방탕 대신 방랑의 기질을 물려받아 1809년 22살 나이로 스페인, 그리스 등의 지중해 지역을 2년간 돌아본다. 이후 런던의 문단에서 인기를 모으던 이 미남 시인은 여인들의 손길을 뒤로한 채 불편한 오른쪽 다리에 아랑곳없이 1823년 오스만 터키 제국에 대항해 독립전쟁을 벌이던 그리스로 간다. 그리스에 모인 독립군 사령관으로 호기 좋게 터키에 맞선 것은 좋았는데… 그만 말라리아에 걸려 37살 나이로 '덧없는 인생'에서 불귀不歸의 객客이 되고 만다. 19살 때 낸 첫 시집 『덧없는 시편들Fugitive Pieces』의 제목처럼 말이다.

그리스 문명 핵심은 민주주의(Democracy)=민중(Demos)의 지배(Cracy)

바이런이 그리스에 남긴 자취는 강렬한 지중해 햇빛에 흰색으로 빛나는 포세이돈 신전 도리아 기둥에 어른거린다. 바이런이 기둥에 새긴 글귀는 2백여 성상星霜을 넘어 지금도 여전하지만, 직접 볼 수는 없다. 유적 보호를 위해 내부출입을 금지하는 탓이다. 인습에 대한 저항, 날카로운

아테네 아고라 박물관 외경

풍자로 유럽 전역에서 인기를 모으던 이방異邦의 시인이 목숨까지 바치며 열망했던 그리스 문명의 고갱이는 무엇일까? 바이런이 1811년 찾았던 아테네는 그리스 문명의 심장부다.

아테네가 수백여 개 그리스 도시국가 폴리스Polis 가운데 그리스 문명의 대표주자로 꼽히는 이유는 여러 가지다. 기원전 5세기 이후 소크라테스로 대표되는 인문학, 『오이디푸스 왕』으로 상징되는 소포클레스 등의 비극문학, 신의 솜씨로 「디스코볼로스(원반 던지는 남자)」를 빚어낸 미론 등의 조각 예술… 인간의 아름다운 육체와 정신을 진선미眞善美에 담아내는 문예文藝에 그치는 것만은 아니다. 아테네의 진정한 가치는 시민주권의 민주주의Democracy다. 그리스어 데모스Demos, 민중이 통치Cracy하는 정치체제를 가리킨다. 앞서 본 아고라 박물관 접시 속 테미스토클레스는 민중이 다스리던 민주주의와 어떤 관계일까?

기원전 480년 페르시아 전쟁 승리 주역 테미스토클레스

그리스 북부 중심도시 테살로니케에서 터기 역사고도 이스탄불로 가는 고속도로 중간지점 바닷가에 마로네이아Maroneia가 나온다. 바닷길로 이곳을 개척해 소유하고 있던 고대 아테네인들은 기원전 483년 마로네이아 지방에서 대박을 터트린다. 황금알을 낳는 거위, 은광銀鑛 발견이다. 아테네 시민들은 여기서 벌어들인 돈을 나눠 가질 꿈에 부풀었다. 하지만, 테미스토클레스가 나서 색다른 주장을 편다. 이 돈을 나눠가질 게 아니라 아테네 부자들에게 빌려준 뒤, 이자로 함선을 받자는 제안이다. 페르시아 침략에 대비해 핵심전력인 함선을 보강하자는 취지다.

아테네는 테미스토클레스의 혜안 덕에 최신 3단 갤리선 100척을 손에 넣는다. 요즘으로 치면 최첨단 이지스함이나 구축함이다. 그의 선견은 빛났다. 3년 뒤인 기원전 480년 페르시아가 침공해 왔다. 테미스토클레스는 페르시아 육군에 대항하지 않고, 근처 살라미스 섬으로 시민들을 피신시켰다. 스파르타에서 온 레오니다스 왕 휘하 300명의 결사대가 아테네 북방 테르모필레 벌판에서 전원이 옥쇄玉碎하며 페르시아 대군의 진군을 지연시킨 덕분이다. 아테네는 해전에 미숙한 페르시아를 살라미스 해협에서 대파하고 승리를 거머쥐었다. 거센 바다폭풍도 아테네를 도왔으니, 수니온 곶에 모셔진 바다의신 포세이돈이 감응한 덕분인지도 모른다.

테미스트클레스를 내쫓은 도편 추방제(Ostrakismos)

그리스 수도 아테네의 고대 아고라Agora는 2천5백 년 전 모습 그대로

테미스토클레스 오스트라콘
그는 기원전 472년 도편 추방되었다. 아버지 네
오클레스 이름이 같이 적혔다.
아테네 아고라박물관

각종 건물터가 오롯하다. 이 아고라에서 아테네 모든 시민들이 직접 모여 정책을 결정하던 민회Eklesia가 열렸다. 테미스토클레스는 페르시아 전쟁 승리의 주역이었지만, 운세가 기운다. 민회에서 세력을 잃더니 급기야 페르시아와 내통혐의로 기원전 472년 추방

되고 만다. 추방도중 궐석재판에서는 사형선고를 받는다. 적군과 아군의 경계는 백지 한 장 차이인가? 테미스토클레스는 지난날의 적국 페르시아로 망명해 그곳에서 생을 마친다. 이때 추방방법이 도자기접시나 그 파편 오스트라콘Ostrakon(혹은 Ostraka)에 테미스토클레스의 이름을 적어 내는 도편 추방제陶片追放制, 오스트라키스모스Ostrakismos(혹은 Ostracism)다.

현대 민주주의에서 주민소환제라는 이름으로 부활한 탄핵제도다. 흥미로운 점은 도편 오스트라콘에 테미스토클레스의 이름 말고 한 명의 이름이 더 보인다. 네오클레스ΝΕΟΚΛΕΣ. 테미스토클레스의 아버지다. 동명이인을 분별하기 위해 아버지 이름까지 적는 목적도 있지만, 혈연중심의 가부장 문화가 발달했던 그리스에서 아버지 이름을 적어 집안에 대한 징벌임을 분명히 해준다.

정치 명망가나 조국을 구한 영웅도 한순간에 국민 이름으로 탄핵

도편 추방제의 특징을 이해할 수 있는 또 하나의 오스트라콘을 찾아 장소를 아테네 시내 중심가 키클라데스 박물관으로 옮겨 보자. 아테네 고대 생활 전시관에 진열된 오스트라콘에 적힌 이름은 키몬KIMON. 테미

갤리선
테미스토클레스는 노가 3열로 달린 3단 갤리선
을 건조해 페르시아 전쟁에 대비한다.
로마시대 조각. 독일 트리어박물관

갤리선
트로이 전쟁 시기 오디세우스가 부하들과 항해
중 세이레네스를 만나는 장면. 노를 젓는 갤리
선이다.
로마시대 모자이크. 튀니지 바르도박물관

살라미스 해협
테미스토클레스가 준비한 3단 갤리선으로 페르시아 해군을 물리친 아테네 앞 바다 살리미스 해협.

스토클레스보다 10년 늦게 기원전 462년 도편 추방된 인물이다. 역시 밑
에 아버지 이름 밀티아데스(밀티아도MIΛTIAΔO)의 이름이 보인다. 밀티아
데스가 누구인가? 기원전 490년 마라톤 전투에서 페르시아에 대항해 아
테네의 승리를 이끈 영웅이다.

불과 1만 명 아테네 시민군을 이끌고 10만 명으로 추정되는 페르시아 대군을 마라톤 만에서 팔랑크스Phalanx(중장보병 밀집대형) 전법으로 물리친 밀티아데스. 아테네 시민들의 존경을 한 몸에 받던 밀티아데스 장군의 아들 키몬 역시 기원전 480년 페르시아의 재침 때 테미스토클레스가 이끌던 살라미스 해전에서 페르시아를 격파하는데 혁혁한 공을 세운 인물이다. 하지만, 명망가 집안이라도, 아무리 공이 커도 독재의 기미만 보이면 가혹하리만큼 엄정한 잣대를 들이대 탄핵하는 제도가 도편 추방제다. 아테네 시민들은 도편 추방제를 왜 만들었을까?

민주화 혁명 뒤, 참주(독재자) 출현 방지 위해 만든 도편 추방제

아테네 아크로폴리스로 올라가 보자. 그리스문명을 상징하는 파르테논신전이 장엄한 자태를 뽐낸다. 이 아크로폴리스에서 기원전 511년 정치사변이 일어난다. 아테네 민주주의 지도자 클레이스테네스가 스파르타 지원병의 힘을 얻어 아테네 정치를 왕처럼 장악했던 참주僭主(Tyrannos) 히피아스 추방에 나섰다. 지지자를 이끌고 아크로폴리스로 올라가 버티던 히피아스는 재산을 갖고 해외로 갈수 있다는 조건으로 농

깨진 도자기 파편 오스트라콘
아테네 아고라박물관

온전한 형태 도자기 접시 오스트라콘 모음
탄핵 대상자 이름이 적혀있다. 아테네 아고라박물관.

성을 풀고 아테네를 떠났다. 기원전 560년 아버지 페이시스트라토스가 아테네 민주정치를 뒤엎고 참주가 된 뒤, 기원전 527년 권력을 이어받은 2대 참주 히피아스 가문의 몰락이다.

하지만, 민주화의 봄은 쉽게 오지 않았다. 이사고라스를 비롯한 구체제 귀족세력이 민주주의를 뒤집으려한 것이다. 이들도 스파르타 군대를 이용했다. 하지만, 민주주의를 지켜낸다는 시민들 결사항전에 스파르타 군대가 물러가면서 기원전 508년 아테네 시민사회는 민주화를 이룩한다. 이후 지도자 클레이스테네스는 독재자 출현을 영원히 막아야 한다는 취지로 도편 추방제를 고안해 낸다. 기원전 504~기원전 501년 사이다. 민회에서 6천명 이상 찬성으로 독재자를 국외추방 하는 게 골자다. 기원전 487년부터 매년 민회에서 도편 추방 실시 여부를 묻는 투표를 진행했고, 과반수가 찬성할 때 2개월 뒤 본 투표에 들어갔다.

도편 추방 결정나면 10일내 출국, 10년간 입국금지

본 투표 방법은 추방대상자 이름을 도자기에 적는 것. 도자기 파편보다 깨지지 않은 원형접시가 더 많다. 이 원형 접시에 이름을 적는 시민투표로 추방이 결정되면 당사자는 10일 이내에 아테네를 떠나야 했으며 10년간 민회의 번복 없이는 귀국할 수 없었다. 그 기간 동안 재산권은 인정됐다. 대개 유력가문의 정치지망

키몬 오스트라콘
키몬은 기원전 462년 도편 추방되었다. 아버지 밀티아데스(밀티아도) 장군 이름이 나란히 적혔다. 아테네 키클라데스박물관

생 가운데 대중의 인기를 모으며 독재를 다질 미가 보이면 예외 없이 도편 추방 투표에 부쳐져 쫓겨났다.

기원전 487년 페이시스트라토스 참주집안에서 1명, 이듬해 기원전 486년에는 이제도를 만든 클레이스테네스의 조카가 도편 추방됐다. 아테네 민주주의의 수호신으로 불리는 페리클레스의 부친 크산티포스도 기원전 484년 인기 있는 정치지도자에서 하루아침에 도편 추방 당했다. 기원전 5세기 13명의 지도자가 그렇게 아테네 권력에서 밀려났다. 주권자인 국민이 정치인을 지도자로 뽑기도 하지만, 언제든 탄핵했던 2천5백여 년 전 추상秋霜같은 민주주의 정신이 타산지석他山之石으로 다가온다.

손기정과 황영조의 마라톤 | 그리스-페르시아 전쟁과 호국영령 추모

1992년 바르셀로나 올림픽 최종일 마라톤 경기가 펼쳐진 몬주익 경기장. 두 손 번쩍 든 채 우승 테이프를 끊고 뛰어오르던 23살 앳된 청년의 모습은 언제 봐도 가슴 벅차다. 황영조. 시계 바늘을 여기서 56년 전으로 되돌린다. 1936년 베를린 올림픽 마라톤 경기 우승 손기정. 비록 일본 식민지 아래 일본소속이지만, 손기정은 자랑스러운 대한민국 사람이다. 목에 금메달을 건 손기정은 머리에 월계관을 썼고, 그리스제 청동 코린트 양식 투구를 부상으로 받았다.

왜 마라톤에 그리스제 투구일까? 호국의 달 6월 6일은 현충일, 25일은 6.25가 발발한 날이다. 호국영령 추모와 국립묘지의 기원을 찾아 떠나 본다

황영조, 손기정, 현진건, 심훈… 올림픽 마라톤

1936년 상황을 좀 더 들여다보자. 식민치하. 그것도 일제가 대륙침략을 본격화하며 강압적인 민족 말살 정책으로 우리 사회를 옥죄던 숨 막히는 상황에서 손기정의 쾌거는 형용하기 어려운 기쁨을 안겼다. 그 의미를 알아챈 동아일보 학예부장 현진건은 일장기를 지운 손기정 사진으로 기사를 다뤘다. 민족의식을 고취시켰지만, 현진건은 자신의 작품『운

기원전 490년 아테네와 페르시아가 맞붙었던 마라톤 벌판과 해안 전경

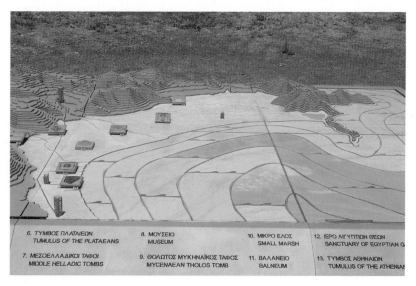

6. ΤΥΜΒΟΣ ΠΛΑΤΑΙΕΩΝ
TUMULUS OF THE PLATAEANS

7. ΜΕΣΟΕΛΛΑΔΙΚΟΙ ΤΑΦΟΙ
MIDDLE HELLADIC TOMBS

8. ΜΟΥΣΕΙΟ
MUSEUM

9. ΘΟΛΩΤΟΣ ΜΥΚΗΝΑΪΚΟΣ ΤΑΦΟΣ
MYCENAEAN THOLOS TOMB

10. ΜΙΚΡΟ ΕΛΟΣ
SMALL MARSH

11. ΒΑΛΑΝΕΙΟ
BALNEUM

12. ΙΕΡΟ ΑΙΓΥΠΤΙΩΝ ΘΕΩΝ
SANCTUARY OF EGYPTIAN G

13. ΤΥΜΒΟΣ ΑΘΗΝΑΙΩΝ
TUMULUS OF THE ATHENIAN

마라톤만 모형
마라톤 만 전적지

수 좋은 날』의 역설적인 내용처럼 해고의 불운을 겪는다. 손기정이 전한 감격에 「오! 조선의 남아여」라는 시를 썼던 심훈은 그만 이 시를 끝으로 장티푸스에 걸려 동아일보에 연재했던 『상록수』의 여주인공 채영신처럼 일찍 생을 접는다.

마라톤Marathon. 우리의 강인한 민족혼을 상징하는 마라톤 경기의 기원은 그리스다. 수도 아테네 북동쪽 바닷가에 자리한 마라톤Μαραθων 벌판은 치열한 전투현장이다. 그 전장戰場이 왜 인류 역사에서 마라톤 경기의 이름이 됐을까? 이란고원에서 나라를 일으켜 동쪽으로 인더스 강에서부터 서쪽으로 메소포타미아, 이집트는 물론 터키와 그리스 일부까지 거대 제국을 일궜던 아케메네스 페르시아. 인류 역사상 기원전 5세기까지 가장 넓은 영토를 확보했던 페르시아의 다리우스 1세는 눈엣가시 아테네를 항복시키려고 마음먹는다.

마라톤, 기원전 490년 아테네가 페르시아 물리친 전투현장

기원전 492년 다리우스 1세의 사위 마르도니오스 장군이 총사령관으로 정벌에 나서지만, 함대가 그만 풍랑으로 좌초하면서 아테네 근처에도 가보지 못하고 고배를 마신다. 절치부심 다리우스 1세는 2년 뒤 기원전 490년 형제인 아르타페네스 장군을 사령관으로 2차 정벌군을 보낸다. 이때 앞잡이 향도역을 맡은 인물이 히피아스. 21년 전 기원전 511년 아테네의 독재자 참주僭主자리에서 쫓겨나 페르시아로 망명했던 인물이다. 적은 언제나 내부에 있기 마련이다. 80세의 고령으로 참주 자리 복귀를 노린 히피아스를 앞세워 페르시아 대군은 아테네의 숨통을 단숨에 끊는다는 목표 아래 아테네에서 100리 떨어진 마라톤 해변에 닻을 내린다.

정보를 입수하고 델포이 신탁소의 신탁을 거쳐 항전을 결의한 아테네

마라톤 전투를 승리로 이끈 밀티아데스 장군 동상
마라톤

시민들. 강력한 육군을 자랑하는 스파르타에 띄운 지원요청이 거절당하고, 그리스 폴리스 가운데 단 1곳, 프라티아에서 온 지원병 1천명을 더해 1만1천여 명으로 마라톤에 방어진을 친다. 역전의 용장 밀티아데스 장군은 오랜 항해로 지친 페르시아 병사들이 상륙하자 그리스 특유의 팔랑크스Phalanx 밀집대형密集隊形 전술로 맞선다. 가로 세로 16명씩 256명의 중무장 병사들이 대형을 이뤄 전진하는 이 전법에 페르시아 군대는 그만 무릎을 꿇고 만다.

마라톤의 시민병사 무덤, 인류사 국립묘지 효시

페르시아 병사 6천 4백여명 사망에 아테네 병사는 192명 사망. 민주체제와 시민주권을 지켜내기 위한 아테네 시민의 완벽한 승리였다. 이때 시민병사 페이디피데스는 마라톤 전투 현장에서 아테네까지 무려 1백리를 쉬지 않고 달려 승전소식을 전한 뒤 쓰러져 숨지는 투혼을 쏟아냈다. 그로부터 정확히 2천386년 뒤 1896년 1회 현대올림픽이 열렸다. 그때 페이디피데스가 달린 거리 42.195㎞를 마라톤이라는 이름의 육상경기로 만들어 냈다. 페이디피데스의 애국혼이 마라톤 경기로 부활한 셈이다. 그리스 투구가 손기정의 마라톤 우승 기념품이 된 이유다.

여기서 궁금해진다. 페이디피데스가 마라톤의 어느 지점에서 출발했길래 대략 40㎞도 아니고 42.195㎞라는 초정밀 거리계산이 나왔단 말인가? 마라톤에 가보면 궁금증이 간단하게 풀린다. 마라톤 전투현장이 유적지로 잘 보존돼 있기 때문이다. 현대 그리스인들이 조성한 관광지인가? 아니다. 마라톤 전투가 벌어진 기원전 490년 아테네인들이 조성한 유적지다. 아테네 시민병사들은 페르시아와 가장 치열한 전투를 펼쳤던 바로 그 장소에 기념비적인 유적을 남겼다. 호국영령을 위한 「시민용사 무덤」이다.

1만여 명 아테네 시민 병사 가운데 숨진 192명을 기리는 합동 무덤. 아테네로 시신을 가져가지 않고, 전투현장의 승리를 기리며 그 주역인 희생병사들의 영혼을 바로 그 자리에 남겨둔 조치다. 이 무덤은 지구촌 인류역사에서 호국영령을 기리는 국립묘지의 효시嚆矢다. 놀라운 대목은 무덤이 우리 눈에 익숙하다는 점이다. 둥그런 흙 봉분. 마치 부여나 공주, 경주에서 보는 대형 왕릉처럼 생겼다. 이 부분은 다음기회에 무덤 양식을 다루며 살펴보기로 하고, 발길을 옆으로 옮기면 전투를 지휘한 밀티아데스 장군 조각 옆으로 시민병사 기념조각도 눈에 들어온다.

기원전 460년 아테네 호국영령 추념비석

지도자뿐 아니라 이렇게 이름 없는 시민병사를 기리는 국가의 예우가

아테네 시민 192명 합동묘지
인류사의 국립 현충묘지 효시. 마라톤 전투에서 숨진 아테네 시민 192명을 가장 치열했던 전투현장에
안장한 무덤. 마라톤

아테네 시민병사 기념비
마라톤

1896년 1회 현대 올림픽 마라톤 코스
안내 표지판
마라톤

기원전 460년 아테네를 위해 싸우다 숨진
시민 병사 170명의 이름이 적힌 비석
루브르박물관

단순히 마라톤 전투에 국한되는 것일까? 그렇지 않다. 고대 그리스 사회
는 그리스라는 단일국가가 존재했던 게 아니다. 폴리스Polis라는 작은 도
시국가로 나뉘어 있었다. 오늘날 그리스 본토뿐 아니라 터키 서부연안,
흑해 연안, 이탈리아 반도 남부와 시칠리아, 북아프리카 해안까지 지중
해 전역에 그리스인들이 만든 수백 개의 도시국가들은 평화롭게 교류하
다 분쟁이 생기면 편을 갈라 전쟁을 치렀다. 숱한 전투현장에서 죽은 시
민들을 기리는 유물을 파리 루브르에서도 만난다.

루브르박물관은 크게 3개의 전시관으로 구성돼 있는데 그중 유리피라
미드 정문으로 들어가 지하 1층 오른쪽 전시관이 드농Denon관이다. 드농
관 지하 1층은 고대 그리스 유물이 자리한다. 키클라데스와 아르카이크

기 유물을 훑어보며 왼쪽 별실로 들어가면 2천 5백여년전 그리스 비석들이 즐비하다. 그중 인상적인 비석 하나에 시선을 고정시킨다. 그리스 문자로 열거된 사람 이름들이 보인다. 기원전 460년 아테네가 치른 전투에서 숨진 병사 170명이다. 상비군이 없이 전쟁이 터지면 시민들이 무기를 들고 나가 조국을 지키던 아테네. 이미 2천 5백여 년 전부터 조국을 지키기 위해 산화한 국민의 고귀한 넋을 기리는 일에 소홀함이 없던 모습을 보여준다. 아테네가 거대제국 페르시아마저 물리치고, 최강의 국력을 뽐내며 민주주의를 발달시킨 비결이 엿보이는 대목이다.

1차 세계대전 베르덩 인류사 최악의 전쟁참사 국립묘지

독일과 국경지대인 프랑스 북동부 로렌느 지방. 여기에 베르덩Verdun이란 아담한 소도시가 자리한다. 베르덩이 역사에 남는 이유는 크게 두 가지다. 먼저 843년 프랑크 왕국이 「베르덩 조약」으로 동, 서, 중 프랑크 왕국으로 분열해 프랑스, 독일, 이탈리아의 기원이 된 사건. 또 하나는 1차 세계 대전이 막바지로 치닫던 1916년 2월부터 12월까지 10개월간 펼쳐진 현대전 최악의 참사, 「베르덩 전투」다. 베르덩을 넘으면 독일은 수도 파리를 손쉽게 점령할 수 있고, 프랑스는 베르덩을 잃으면 백척간두의 위기에 처하는 상황이었다. 나중에 대통령이 된 페탱 장군의 지휘아래 프랑스군은 결사항전. 결국 독일을 물리친다.

버티기에 혹독한 참호전에서 첫 1달간 7만여 명을 포함해 프랑스군 38만여 명이 숨졌다. 독일군도 34만 명이 희생됐다. 최근에는 이보다 더 많은 사망자가 발생했을 것이라는 분석도 나온다. 한국전쟁에서 3년 간 한국군 사망자가 22만 7천748명인 점에 비하면 10개월 동안 그것도 한 장소에서 얼마나 많은 인명이 희생됐는지 짐작가능하다. 치열했던 전투

베르덩 전투 기념관

베르덩 국립묘지

현장은 전쟁 직후 마라톤처럼 호국영령의 고귀한 넋을 기리는 묘지로 바뀌었다.

6.25 백마고지 추념탑에서 돌아보는 미테랑-콜의 베르덩 교훈

1952년 10월 6일부터 15일 사이 9일간 펼쳐진 철원 백마고지 전투현장으로 가보자. 한국군 9사단과 중국 38군의 물고 물리는 접전에서 중국군 1만여명, 한국군 3천5백여명의 사상자를 낸 아픔이 묻어난다. 현장에는 병사들의 이름을 새긴 추념탑이 하늘높이 솟아 애국충절을 기린다. 호국 영령들의 넋을 기리며 이런 생각을 해본다. 다시는 이런 비극이 일어나지 않도록 할 수는 없을까?

평화 애호가 존 레논의 '이매진Imagine'에 나오는 가사, "죽이거나 죽을 일 없이 사람들이 평화롭게 살수는 없을까?"를 나지막이 읊조리며 잠깐 베르덩으로 다시 가 보자. 베르덩 전투의 포성이 멎은 지 68년 지나 1984년 프랑스의 미테랑 대통령과 독일의 콜 총리가 베르덩 국립묘지에 기념 석판을 세웠다.

미테랑 프랑스 대통령과 콜 독일총리가 1984년 서명한 동판
"우리는 화해했고, 서로를 이해했으며 친구가 됐다"

백마고지 전적비
1952년 6.25 전쟁 기간 중 펼쳐진 한국군과 중국군 사이의 전투에서 희생된 한국군을 기린다.

"우리는 화해했고, 서로를 이해했으며 친구가 됐다"

석판에 적힌 내용처럼 프랑스
와 독일은 친구로 손잡고 유럽연
합을 주도하며 유럽의 평화를 위
해 매진하는 중이다. 프랑스와 독
일처럼, 한국과 중국도 '화해'하고
'이해'하고 '친구'가 됐다는 석판을
세운 뒤 아시아 평화를 위해 함께
가기를…

서울 동작동 국립현충원

선거홍보물의 시작 | 화산재가 지켜준 2천년전 폼페이 선거문구

예기치 않은 역사의 격랑으로 대한민국 제19대 대통령 선거를 2017년 5월 9일에 치렀다. 예정보다 7개월 시간표가 당겨졌다. 대통령과 측근의 국정농단에 이어진 대통령 탄핵 뒤 선거여서 국민적 관심도 그만큼 더 높았다. 전국이 선거 열기로 뜨겁게 달아오르며 골목골목 선거 현수막이 나부꼈다. 후보들의 화려한 공약을 담은 선거벽보들은 골목마다 울긋불긋한 자태를 뽐냈다. 유권자의 시선을 끌려 해대는 제자랑이 요란했다.

궁금해진다. 선거에서 투표를 앞두고 후보를 소개하며 지지를 호소하는 선거벽보의 역사는 언제부터 시작됐을까? 방학이면 한국인 단체관광객이 줄을 잇는 곳, 이탈리아 폼페이는 1천7백년 가까이 화산재 아래 묻혀 있다 제 모습을 드러냈다. 로마문명의 실상이 살아 숨 쉬는 풍속화첩으로 일컫는다. 로마 유적의 보고寶庫, 로마 역사의 교과서 폼페이를 찾아, 선거 벽보의 흔적과 기원을 더듬는다.

79년 '폼페이 최후의 날'에서 1748년 부활 시작

'폼페이'라는 단어와 가장 잘 어울리는 낱말이 있다면 아마도 '최후'가 아닐까. 79년 베수비오Vesuvio 화산폭발로 화산재에 묻히며 사라졌기 때

폼페이 유적지에서 바라본 베수비오 화산
원래 산정상부가 뾰족했지만, 대분화로 무너져 푹 파인 모습이다

베수비오 화산 정상에 올라 내려다 본 모습
오른쪽이 분화구. 왼쪽은 나폴리 시가지와 바다. 폼페이 중앙역에서 베수비오 순환철도(키르쿰 베수
비아나)를 타고 로마 유적지 에르콜라노 역에 내려 관광버스나 택시를 타고 올라간다.

문이다. 아테네가 그리스문명의 상징으로 각인되듯, 폼페이는 로마 문명의 표상처럼 이름 자체로 가슴 설렌다. 이를 극적으로 잘 그려낸 이가 영국의 정치인이자 소설가 에드워드 블워 리턴이다. 『폼페이 최후의 날The Days of Pompeii』. 리턴은 폼페이에 가 본적도 없으면서 명저를 남겼다. 정치인으로 밀라노에 외교 사절로 갔다가 거기서 러시아 화가 칼 브리울로프가 그린 「폼페이 최후의 날」이라는 작품을 보고 1834년 소설을 쓴다. 34살이라는 나이에 문화예술의 장르를 넘나드는 상상력이 돋보인다.

역사의 뒤안길로 사라진 전설의 폼페이가 책이 아닌 유적과 유물로 다시 영광의 햇빛을 보기 시작한 것은 그보다 80여년 앞선 1748년. 베수비오 분화 천 7백여 년 뒤다. 첫 삽을 뜨고 18, 19세기 발굴을 지속하며 검은 흙 속에서 폼페이의 비밀이 한 꺼풀씩 벗겨질 때마다 고대 로마문화상이 한 땀씩 되살아났다. 독일의 요하임 빙켈만을 비롯해 많은 고고학자들이 삶을 바치며 매달린 성과다. 이 결과물에 대한 리턴의 지독스런 학습이 소설로 이어졌다.

괴테, 스탕달이 즐긴 '그랑 투르'의 산물 『로마제국 쇠망사』

고대 로마의 손때 묻은 일기장, 폼페이를 직접 찾은 문인들도 많다. 2만여 명의 주민이 먹고, 자고, 누리고, 싸우고, 사랑하고, 미워하고, 받들고, 일하다 떠날 때까지의 일상사가 고스란히 배어 있는 유적과 유물을 보러 1787년 독일의 문호 괴테, 1817년 프랑스의 문호 스탕달, 1875년 미국의 문호 마크 트웨인이 폼페이의 문을 두드렸다. 당시 독일이나 영국의 유럽 상류층에서는 파리를 비롯해 밀라노, 피렌체, 로마를 이어 남부의 폼페이를 돌아오는 프랑스-이탈리아 유적 일주 마차여행이 통과의례의 필수코스처럼 붐을 이뤘다.

괴테
괴테도 로마와 폼페이를 찾는 마차여행 '그랑 투르'를 다녀왔다.

괴테 생가
박물관으로 꾸몄다. 프랑크푸르트.

　기차가 등장하며 사라진 이 여행을 17-18세기 유럽 문화의 중심 프랑스어로 '그랑 투르Grand Tour'라고 부른다. 겨울에도 날씨가 따듯한 로마, 나폴리, 폼페이는 그중 백미白眉다. 리턴에 앞서 같은 영국인 에드워드 기번도 대부호 아버지를 졸라 국회의원 출마를 위해 준비해둔 돈을 털어 27살이던 1763년 그랑 투르에 나섰다. 이듬해 로마에서 깊은 감명을 얻어 명저 『로마제국 쇠망사The History of the Decline and Fall of the Roman Empire(1776년 1권 출간)』를 집필한다. 훗날 처칠과 인도의 네루가 읽고 또 읽었다는 책이다.

함축적인 카피 문구의 대가 로마인들

애드가 앨런 포의 표현, '위대한 로마'를 여러 각도에서 조명해 볼 수 있지만, 간결한 문구 속에 담아내는 정문일침頂門一鍼의 표현력은 타 문명을 압도한다. '위대해지기'를 누구보다 간절히 원했던 인물 카이사르는

"주사위는 던져졌다(알레아 이악타 에스트, ALEA IACTA EST)"

"왔노라, 보았노라, 이겼노라(베니, 베디, 베키, VENI VEDI VECI)"

라는 문구를 남겼다. 독재를 추구하던 카이사르가 암살당했을 때 이를 옹호한 공화주의자 키케로는 "역사는 삶의 스승(히스토리아 비타이 마지스트라, HISTORIA VITAE MAGISTRA)"이라는 명언을 들려줬다. 명 카피라이터로 손색없는 표현력이다. 이들이 떠난 지 100여년 뒤 터진 베수비오 화산의 피해지, 폼페이 아본단자Abondanza 거리로 가면 당시 로마인들이 남긴 간결한 문구를 육안으로 직접 확인하는 색다른 체험이 기다린다.

19대 대통령 선거벽보의 기원… 폼페이 아본단자 거리로

아본단자 거리는 서울로 치면 종로다. 주요 관청이 몰려 있는 세종로와 바로 연결된 상업거리이자 번화가 종로. 아본단자 거리 역시 폼페이 정치의 중심지요, 관청이 있던 포럼Forum과 연결된 번화가다. 이 거리에 목욕탕과 유흥업소, 대형주택들이 즐비하다. 끝까지 가면 로마인들의 인기 오락문화, 검투경기가 펼쳐지던 원형경기장에 닿는다. 원형경기장까지 가는 중간 지점에 공중수도를 지나, 선술집 맞은편 인술라Insula(서민 아파트) 옆 벽면에 붉은 색 글씨들이 보인다.

선거 구호다. 여기만이 아니다, 시내 곳곳에서 이곳보다는 작지만, 거리를 향한 주택 외벽에 적힌 붉은 글씨의 선거 구호와 마주친다. 요즘처

폼페이 시가지 포럼
폼페이 시민활동의 중심지.

폼페이에서 가장 번화했던 아본단자 거리
왼쪽 건물 벽의 붉은 글씨가 로마시대 쓴 선거 구호다.

럼 종이로 만든 화보형 선거벽보가 아니라, 벽에 직접 쓴 후보자 지지구호이자 문구다. 79년 화산재에 묻혔다 되살아 났으니, 무려 2천여 년 가까이 됐다. 흔히 네로나 칼리굴라 같은 폭군 황제들만 기억되는 로마 역사에서 공직자를 투표로 선출한 것은 물론이려니와 당시 일개 지방도시에 불과했던 폼페이에 공직자 선출 구호가 남아 있다는 사실 자체가 신선한 충격으로 다가온다.

지지자가 담벼락에 직접 쓰는 선거홍보

폼페이 선거홍보물에는 어떤 내용을 적었을까? 대영박물관으로 장소를 옮겨 자세히 들여다보자. 1842년 현재의 건물을 완공해 이주한 대영박물관은 벌써 170년이 넘어 장소가 좁다. 전시되는 유물보다 지하 수장고에 잠자는 유물이 훨씬 더 많다. 대영박물관이 2013년 여름 특별전에서 공개한 폼페이 유물 가운데 폼페이에서 출토한 선거문구가 눈길을 끌었다. 폼페이 선거 문구는 첫줄에 아멜리우스AMELIUS, 가운데 줄에 아에딜레스AEDILES, 세 번째 줄에 루키우스 알부키우스L. ALBUCIUS가 적혀 있다. 로마인들은 그리스문자를 변형한 라틴문자를 사용했다. 오늘날 서양의 영어나 프랑스어, 독일어등 대부분의 언어를 적는 문자다.

그리스 문자와 달리 영어를 통해 우리 눈에 익숙한 라틴문자 3단어 가운데, 첫줄과 셋째줄 아멜리우스와 루키우스 알부키우스는 사람 이름이다. 그렇다면 가운데 줄은? '아에딜레스'는 우리말 조영관造營官으로 번역되는 건축, 토목, 축제 담당 관직 이름이다. 그렇다면 후보자가 2명인가? 그렇다. 아멜리우스와 알부키우스 2명을 조영관으로 뽑아달라는 의미다. 당시 2명을 뽑았기 때문에 벽에 문구를 쓴 이가 2명을 당선시켜 달라고 호소하는 거다.

조영관 선출 지지호소 문구
폼페이 출토, 런던 대영박물관

폼페이 선거 지지호소 문구

　지금은 후보자가 직접 돈을 내 벽보를 제작하고 이를 선거관리위원회
가 위탁받아 붙여준다. 선거관리위원회가 주관하기 때문에 다양한 후보
모두의 벽보를 지정된 벽에 붙인다. 하지만, 로마시대는 달랐다. 후보자

는 점잖게 가만히 있고, 그를 지지하는 사람들이 구호를 벽에 적었다. 2 명을 지지하면 두 명 다 넣었다. 물론 집주인의 허락이 있어야 가능한 일이었다.

창녀가 써 붙인 지지문구에 얼굴 붉히는 후보자

로마의 공직 임기는 1년이었다. 따라서 공화정 시대 로마는 매년 한 차례씩 공직자 선출 선거가 펼쳐졌다. 기원전 80년 로마에 정복된 폼페이의 경우 자치를 인정받아 로마가 기원전 27년 황제정으로 전환한 뒤에도 도시를 자체적으로 이끌 공직자를 뽑았다. 79년 베수비오 화산 폭발로 화산재 아래로 묻히던 시점에도 자치 도시 공직자를 뽑는 선거는 지속됐다. 폼페이의 경우 매년 7월이 선거철이어서 도시 전체가 선거 열기로 후끈 달아올랐다.

요즘처럼 열성 지지자들이 앞서 살펴본 대로 선거벽보를 썼다. 그런데 때로는 지지자와 후보자의 마음이 통하지 않을 경우도 생긴다. 사회적 평판이 좋지 않은 사람들이 지지할 경우 오히려 역효과가 날 가능성도 배제할 수 없기 때문이다. 이 점이 지체 있는 후보자들을 괴롭혔다. 카이우스 율리우스 폴리비우스가 그 경우다. 번화가 아본단자 거리 선술집에서 일하는 창녀들이 폴리비우스 지지 문구를 벽에 쓴 거다. 점잖게 받아줄 것이지… 역정을 내며 지우라고 말한 데서 당시 분위기가 잘 묻어난다. 쓸쓸하게 웃어넘기면서도 한 가지 사실에 문득 더 놀란다. 창녀들도 당당하게 정치적 의사표현을 할 수 있던 당시 풍토 말이다.

아테네에 '칼로스카가토스', 로마에는 '옵티모 주레'

하지만, 애처롭게도 그 창녀들은 투표할 수 없었다. 로마 역시 아테네처럼 투표권은 시민권을 가진 남자들만 누렸다. 로마 시민권은 남다른 권한이었다. 결혼은 물론 모든 상거래 등의 계약을 할 수 있는 주체이자 법의 보호를 받을 수 있는 특권이었기 때문이다. 시민권을 가진 로마 남자를 '옵티모 주레Optimi Jure'라고 불렀다. 투표권을 행사한 이들이다. 아테네의 건강하고 교양있는 시민, '칼로스카가토스'에 견줄 수 있겠다. 로마는 시민들이 만나는 공공 광장, 즉 그리스의 아고라를 포럼Forum(라틴어 발음 포룸)이라고 불렀다.

폼페이는 당시 도시가 통째로 화산재에 덮였다가 되살아났기 때문에 포럼도 베수비오 폭발 이전 로마시대 모습으로 탐방객을 맞는다. 포럼 한가운데 로마시대 최고신 주피터Jupiter(라틴어 유피테르)를 모시는 신전이 시민들의 인사를 받는다. 그 앞은 시민들이 모여 장사도 하고 정치집회도 갖는 광장이다. 2000년 탐방했을 때는 푸른 잔디밭이었는데, 최근 다시 가 보니 잔디를 걷어내고 맨땅에 청동 조각을 여기저기 뉘여 놨다. 베수비오 화산과 주피터 신전을 바라보고, 광장에 서면 그 왼쪽 중간지점에 연단이 보인다. 로마 공화정치의 정치 연설단 수제스툼Sugestum이다. 아테네의 '베마'에 해당한다. 주변에 동상 거치대들이 여럿 있어 헷갈리기 십상이다.

사자후 토해내던 연단, 아테네 '베마'- 로마의 '수제스툼'

후보자들 뿐 아니라 옵티모 주레들도 당연히 자유롭게 발언할 기회를 얻었다. 그렇다면, 정견발표나 정치연설을 듣고 공직후보자들을 찍을 투표소도 있어야 하지 않을까? 당연하다. 코미티움Comitium이라 부른다. 폼페이 포럼에서 이제 베수비오 화산을 등지고 돌아 선다. 포럼 끝 왼쪽으로 아본단자 길이 시작된다. 그 아본단자 길의 오른쪽 첫 번째 건물이

수제스툼
후보자들이 정견을 발표하던 연단. 아테네의 베마에 해당한다. 폼페이

폼페이 시민들이 투표하던 코미티움(투표소)
지금은 터만 남았다. 폼페이

폼페이 관공서
선출직 공무원들이 일하는 장소.

코미티움이다. 지금은 널따랗게
터만 남았지만, 2천 년 전에는 우
리네 대선 못지않은 선거열기를
뿜어내던 장소다. "역사는 과거
와 현재의 끝없는 대화"라는 취지
의 말을 설파한 역사학자 에드워
드 할렛 카E. H. Carr의 말이 새삼스
럽다. 로마인의 연설단과 투표소,
선거홍보물을 통해 인류의 삶과

바실리카
법정. 폼페이.

역사는 물론 바람직한 민주주의의 방향에 대해 생각해 본다.

영화 '안시성' 개마무사 | 고구려에서 흑해까지 활용한 말갑옷

2004년 브래드 피트가 주연한 『트로이』는 호메로스의 '일리아드'에 묘사된 기원전 13세기 트로이 전쟁을 다뤘다. 절세가인 헬레나의 남편 메넬라오스(스파르타 왕)를 노년으로 분장시키는 등 부실 고증이 도마에 올랐지만, 흥행에는 지장 없었다. 2006년 『300』도 마찬가지. 기원전 480년 그리스-페르시아 전쟁 때 지구상 최대 제국 페르시아(이란)의 크세르크세스 왕을 원시부족 추장처럼 그려 고증은 뒤로 밀렸으니 말이다. 왜곡은 스파르타 사내들의 멋진 식스 팩 복근 열풍에 가리고 말았다. 2004년 『알렉산더』는 알렉산더의 소그디아나 출신 백인 아내 록사나(빛나는 아름다움)역을 흑인에 맡길 만큼 재미를 역사 위에 뒀다.

2018년 추석 개봉한 『안시성』도 이런 저런 고증 문제가 거론되지만, 고구려 역사를 대중의 관심사로 끌어내는 역할을 톡톡히 해냈다. 영화에 너무 엄한 잣대를 들이대면 창작의 자유가 꺾인다. 영화 속 역사를 바르게 풀어주는 건 연구자들 몫이다. 『안시성』에 등장한 고구려 기병의 차림새를 떠올려 보자. 말까지 갑옷을 입혀 돌진하는 안시성 전투의 주역, 고구려 개마무사鎧馬武士 풍속을 들여다본다.

해성시 팔리진 안시성터로 추정되는 영성자산성 원경

영성자산성 안내표지
뒷쪽 표지는 쓰러져 있다. 현장에 타고 간 삼륜
사설 택시.

쓰러진 영성자산성 안내표지
기사에게 30원을 더 주고 흙먼지를 닦아내고서
야 글자를 읽을 수 있었다.

안시성 전투 현장, 만주 영성자 산성의 초라한 유적 보존

중국 요령성 성도 심양에서 남쪽 대련방향으로 고속철도를 타고 달리
면 연개소문이 당나라 침략에 대비해 쌓은 천리장성의 성들이 차례로 나
타난다. 심양 근처 무순시 신성, 요양시 요동성, 개주시 건안성을 지나
대련의 비사성 까지. 그중 요양시와 개주시 사이 해성시 고속철도 역에

홀본산성(오녀산성) 안내 표지판
숲 위 깎아 지르는 절벽 위가 홀본산성이다. 환인 오녀산성

안시성 전투 상상도
산세가 일견 현장 안시성터와 비슷한 모습이다. 말갑옷은 등장하지 않는다. 천안 독립기념관

내린다. 버스를 타고 30분여 시내로 들어가면 일반 기차역이 나온다. 여기서 버스를 갈아타고 40분 달려 팔리진八里鎭에서 우리네 70년대 삼륜차(택시)로 갈아탄다. 10분 남짓 한적한 들판을 달리면 작은 마을 지나 오르막 산길로 접어든다. 문득 길옆 풀 섶에 쓰러진 표지판과 마주친다. 기사에게 30원을 더 주고 흙먼지를 닦아내니 영성자산성英城子山城.

안시성터로 추정되는 산성이다. 2016년 6월 찾았던 안시성터에 영화에서 보던 험준한 산악지대는 없다. 김광식 감독이 안시성의 모델로 삼은 홀본산성(졸본산성, 오녀산성)처럼 가파르지 않다. 능선이 완만하다. 당나라군이 흙을 높이 쌓아 안시성과 높이를 맞춘 뒤 공격한 기록을 감안하면, 홀본산성을 모델로 한 영화보다 평탄한 영성자산성이 사실에 더 가깝다. 당나라 대군의 파상 공세를 막아낸 안시성터에서 고구려인의 기개를 느껴 볼 흔적을 찾기는 어렵다. 여기 저기 나뒹구는 돌조각들에 진한 아쉬움을 남기고 발길을 돌린다.

당태종이 만든 안시성 희생 군졸 기리는 북경 민충사 말끔한 복원

안시성 전투의 잔영을 좇아 무대를 중국 수도 북경으로 옮긴다. 북경 지하철 4호선과 7호선이 만나는 시내 중심부 차이시커우菜市口역에 내려 10분 남짓 걸으면 이슬람교 모스크 근처에 법원사法源寺라는 절이 나온다. 645년 창건됐으니 1천400여년 역사를 지닌다. 그런데, 절 입구 기념탑에 '민충사고지憫忠寺故地'라는 이름이 적혔다. 법원사는 1733년 만주족의 청나라 때 민충사를 중건하며 얻은 이름이다. 민충사를 누가 창건했을까?

645년 6월 시작돼 9월에 끝난 안시성 전투. 겨울 추위가 다가오면서 당 태종은 안시성 공략을 포기한 뒤, 회군 명령을 내린다. 당태종은 수도 장안으로 가기 전 북경에 머물며 절을 짓는다. 고구려 원정에서 숨진 병

민충사고지(憫忠寺故地) 안내 기념탑
기념탑에는 문구가 들어가있다. 북경 법원사

민충각
청나라 때 법원사로 이름을 바꿨지만, 당태종이 창건할 당시 민충각 이름을 그대로 사용하고 있다.

사들의 충성에 마음 아프다는 민충사憫忠寺다. 안시성과 달리 지속적으로 복원되며 전통을 잇는다. 안시성이나 요동성 등 고구려 유적지를 중국과 손잡고 발굴 복원할 방법은 없는지…

안시성 전투 숨겨진 이야기, 당나라군 선봉 신라인

고려시대 김부식이 1145년 대표 집필한『삼국사기三國史記』열전 권47을 펴보자. 설계두薛罽頭라는 인물의 내력을 소상히 들려준다. 그는 안시성 전투 직전 펼쳐진 주필산 전투 선봉에서 싸우다 죽는다. 당태종은 그의 용맹함을 기려 어의를 덮어주고, 대장군 칭호를 내린다. 설계두가 당나라 사람인가? '삼국사기'는 그가 신라의 골품제 신분사회에 절망하고 능력을 펴기 위해 당나라로 간 신라인이라는 설명을 담는다.

당태종 초상화
북경 국가박물관

당태종은 신라인으로 고구려에 맞서 목숨 내놓고 싸운 점을 높이 산 거다. 15년 뒤 황산벌 전투에서 당나라 소정방 군대 선봉에서 백제 계백 장군 진영으로 돌진하다 죽은 신라 화랑 관창의 모습과 겹쳐진다. 안시성 전투 직전 신라는 당나라에 고구려를 정복해 달라고 지속적으로 요청한 상태였다. 당시 당나라 군대에는 신라인뿐 아니라 630년 당나라가 복속시킨 돌궐(투르크)병사도 포함됐다. 다국적군 당나라 대군을 막아낸 고구려군의 핵심전력, 갑옷으로 중무장한 채 창을 들고 돌진하는 고구려 기마병의 위용을 그려볼 유물은 없을까?

만주 환인 홀본(졸본)산성 박물관 고구려 병사 갑옷

고구려 찰갑 파편
오녀산성 박물관

가야 찰갑 파편
김해 여래리 출토. 국립김해박물관

가야 찰갑 파편
남원 월산리 출토. 국립전주박물관

추모가 세운 고구려 첫 도읍 환인의 홀본산성(오녀산성) 박물관으로 가보자. 작은 쇳조각을 마치 비늘처럼 이어 붙인 갑옷, 찰갑剳甲을 만난다. 가야나 신라에서 발굴되는 판갑板甲, 즉 넓은 쇠판을 붙여 만든 갑옷과 다르다. 판갑은 몸을 민첩하게 움직이기 어렵다. 이에 비해 비늘형태 찰갑은 활동성이 뛰어나 기병에게 안성맞춤이다. 가야에서도 후대에는 찰갑을 활용한 사실이 일부 유물로 밝혀졌다. 영화『안시성』에서는 찰갑이 아닌 판갑을 입혀 고증 논란이 일었다. 영화에서처럼 말에도 보호 장구를 입혔을까?

홀본산성에서 차로 3시간 거리인 길림성 집안集安 박물관도 꼭 필요한 탐방코스다. 태왕릉 근처에서 출토한 말 다리 형태의 큼직한 금동金銅 탁자 다리가 눈길을 사로잡는다. 말 다리 장식을 넘어 영화처럼 말의 얼굴은 물론 몸통에도 갑옷을 입혔을 게 분명하다. 말얼굴 가리개는 고구려 고분 벽화는 물론 가야와 신라에서 유물로 출토된다. 말갑옷은? 선비족 북위北魏의 황족 탁발拓拔씨 출신인데, 장손長孫씨로 개명한 당태종 최

말다리 형태 금동 탁자다리
태왕릉 주변 출토. 집안박물관

말얼굴 가리개
부산 복천동 출토. 국립중앙박물관

말얼굴 가리개
합천 옥전리 M3호분. 합천박물관

고의 책사 장손무기長孫無忌는 안시성 말고도 북쪽 신성과 남쪽 건안성이 군건하게 버티며 10만여 명의 병력을 보유했다고 황제에게 아뢴다. 그 강력한 군사력의 비밀, 말갑옷 유물이 궁금하다.

함안 아라가야 마갑총, 국내 유일 말갑옷 출토

경산남도 함안으로 가보자. 아라가야의 본거지다. 함안 가야읍 도항리 말이산 고분군에는 고령이나 합천의 가야고분처럼 야산 능선을 따

함안군 가야읍 도항리 말이산 고분군.
함안군청 제공 사진

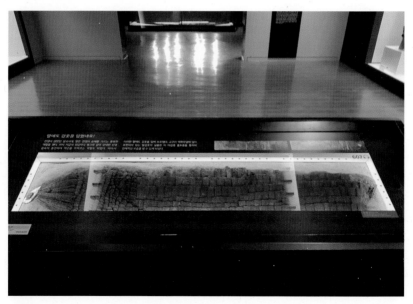

말갑옷
함안 도항리 마갑총에서 출토. 5세기. 국립김해박물관

라 거대한 봉분이 즐비하다. 1992년 아파트 공사도중 주차장부지에서 말갑옷이 출토돼 마갑총馬甲塚이란 이름을 얻었다. 길이 230cm, 너비 40cm로 쇠를 비늘처럼 잘라 연결한 찰갑이다. 김해 덕산리에서는 이런 말갑옷으로 무장한 국보 275호 개마무사鎧馬武士 도용이 출토돼 가야의 철제 말갑옷 문화를 뒷받침한다. 중국 진수가 3세기 말에 쓴 『삼국지三國志』「위서魏書」「동이전東夷傳」가운데 「한전韓傳」을 펴보자. "변한(가야)은 철산지로 유명해 마한, 진한, 동예, 대방군, 낙랑군, 왜가 모두 여기서 철을 사간다"는 기록처럼 말갑옷은 철산지 가야의 철제 기마 무구 제작수준을 잘 보여준다.

말갑옷 입힌 개마무사 도용(陶俑)
국보 275호 복제품. 진품은 국립경주박물관 수장고. 5세기. 함안박물관

말갑옷 개마무사 복원상
5세기. 함안박물관

고구려 벽화 속 고구려 군사 찰갑과 말갑옷

길림성 집안에는 태(광개토대)왕비가 우뚝 서 위용을 뽐낸다. 광개토대왕이 죽은 413년 제작됐을 이 비석에 "399년 신라의 요청을 받고 400년 5만 명의 병사를 보내 신라를 침공한 가야, 백제, 왜 연합군을 궤멸시켰다"는 기록이 나온다. 이때 고구려 정예 기병, 그것도 말갑옷 무장의 개마무사들이 맹활약 했을 것임은 불문가지다. 황해도 안악 3호분, 평안도 남포 덕흥리 고분, 만주 집안 삼실총과 통구 12호분 등에 찰갑과 투구로 무장하고 말갑옷을 입힌 뒤, 창을 들고 돌진하는 개마무사 그림이 그려져 있기 때문이다. 바람을 가르는 용맹한 모습에서 중국은 물론 여러 기마민족의 침략을 물리치던 고구려의 위용이 잘 묻어난다. 이도학 교수는 『삼국통일(2018년)』에서 고구려가 신성이 있던 요동지역 무순撫順과 남

개마무사 고구려 고분벽화 사진
중국 집안 통구 12호. 4~6세기. 철의 제국 국립전주박물관 특별전.

개마무사 고구려 고분벽화 사진
황해도 안악 3호분. 4~6세기. 함안박물관

개마무사 고구려 고분벽화 사진
평안남도 남포 덕흥리 고분. 4~6세기. 함안박물관

쪽 안산鞍山 등에서 철을 생산해 30만 여명의 병력을 무장시킨 것으로 기록한다.

기마민족 선비족 말갑옷 풍속 북경 박물관 서안 박물관 확인

북경 국가박물관에는 4~6세기 동아시아 강대국이자 고구려와도 우호관계를 맺던 선비족 북위의 개마무사 도용陶俑이 반갑게 맞아준다. 중국의 역사고도 낙양박물관이나 서안 섬서성박물관에도 북위 개마무사 도용이 자리를 지킨다. 선비족에 앞서 기원전 3-기원후 3세기 활동하던 기마민족의 대명사 훈(흉노)족은 어땠을까? 내몽골 자치구 성도인 호화호

개마무사 도용
선비족 북위. 4~6세기. 낙양박물관

개마무사 도용
선비족 북위. 4~6세기. 서안 섬서성박물관

개마무사 도용
찰갑인 점에서 고구려나 가야 말갑옷과 같은 모양새다. 선비족 북위. 4-6세기. 북경 국가박물관

한나라 군사와 훈(흉노)간 전쟁 화상석 사진
기병은 투구를 쓴 모습이지만, 말에게는 갑옷을 입히지 않은 모습이다.
한나라 시대. 1-3세기. 호화호특 내몽골박물원

진나라 찰갑 도용
진시황 병마용갱. 서안

진나라 찰갑 도용
서안 섬서성박물관

한나라 찰갑 복원
한나라 경제 양릉박물관

스키타이 찰갑
기원전 5~기원전 4세기.
우크라이나 키예프역사박물관

특 내몽골 박물원에 가면 훈과 한나라 사이 기마 전투 장면을 그린 화상석 사진을 여러 점 볼 수 있다. 투구나 갑옷은 보이지만, 말갑옷을 사용한 흔적은 없다. 시황제의 진나라와 한나라는 많은 병사와 말 도용陶俑을 남긴다. 특히 진시황 병마용갱坑에서 출토된 병사도용은 찰갑을 입었다. 한나라도 찰갑유물을 남긴다. 하지만 말갑옷 관련 유물은 아직 출토되지 않는다.

흑해에서 만주까지 유라시아 초원 기마민족 찰갑, 개마무사 풍속

유라시아 초원지대 서쪽 끝인 흑해 북쪽 연안 우크라이나 수도 키에프 역사박물관으로 가보자. 훈(흉노)이 4~5세기 휩쓸고 지나간 이 지역을 장악했던 6~7세기 아바르인, 8세기 카자르인 기병대가 찰갑은 물론 말갑옷을 입혀 전투에 나섰음을 그림으로 보여준다. 아바르인 투구는 가야에서 출토되는 복발종세장판주覆鉢縱細長板胄로 통구 고구려 벽화와 같은 생김새다. 좀 더 구체적인 모습으로 말갑옷의 흔적을 보려면 이탈리아 수도 로마로 가야한다. 106~113년 사이 세운 트라야누스 기둥은 높이 38m, 지름 4m다. 트라야누스 황제 로마군의 다키아(루마니아) 정복 과정을 새긴 조각 띠가 기둥을 나선형으로 23번 돌며 190m 길이로 펼쳐진다. 하지만, 육안으로 멀리서 이를 보기 힘들다.

함안 마갑총 가야 말갑옷 국보지정 추진해야

루마니아 부쿠레슈티 역사박물관은 주요 장면을 판넬로 복제해 보여준다. 로마군과 달리 다키아 기병과 말은 비늘 갑옷 차림새다. 흑해 다키아에서 만주 고구려까지 유라시아 초원지대 기마문화의 말갑옷과 찰갑 개마무사鎧馬武士 전투풍속도가 생생하게 겹쳐진다. 2-8세기 기마민족 사

말얼굴 가리개
기원전 1~기원후 1세기.
러시아 크라스노다르박물관

트라야누스 기둥
106~113년. 로마

아바르족 개마무사 그림
6~8세기. 우크라이나 키예프역사박물관

카자르족 개마무사 그림
8세기. 우크라이나 키예프역사박물관

로마기병과 다키아 기병 전투장면
다키아 기병만 비늘갑옷을 착용한 모습. 트라야누스 기둥 조각. 복제품.
루마니아 부쿠레슈티 역사박물관

다키아 기병 말
눈에 보호구를 착용한 모습. 트라야누스 기둥 조각. 복제품. 루마니아 부쿠레슈티 역사박물관

회를 풍미했던 말갑옷. 조각과 그림으로만 남은 유라시아 초원 다른 지역과 달리 국립김해박물관에 전시중인 함안 마갑총 가야 말갑옷은 실물이다. 세계사적 보존가치를 지닌 유물로 손색없다. 문화재 당국의 국보 지정 추진을 기대해 본다.